blue notes
83

»Eine Frau braucht Geld und ein eigenes Zimmer, wenn sie Literatur schreiben soll«, hat Virginia Woolf gefordert. Doch wenn man Schriftstellerinnen auf kalte Dachböden und in rußige Küchen folgt, in denen sie zwischen Essen und Abwasch, zwischen Windeln und Kindergeschrei geschrieben haben, stellt man erstaunt fest, dass hier Weltliteratur entstanden ist, dass hier Frauen geschrieben haben gegen alle Widrigkeiten der Welt: gegen Krankheit, Armut, Krieg, mit Angst und knurrendem Magen. Die Umstände, unter denen Frauen schrieben, waren zum Glück nicht immer unerträglich, wenn man an Gertrud Steins Salon mit den kostbaren Gemälden im Herzen von Paris denkt, an Virginia Woolfs Landhaus in Sussex/England oder an Elisabeth Langgässers Damenzimmer mit Blick auf den Grunewald in Berlin. Ob in komfortablen Arbeitszimmern oder ungeheizten Hütten, ob privilegiert oder benachteiligt, immer haben Frauen geschrieben mit der Gewissheit, schreiben zu müssen.

Simone Frieling, 1957 in Wuppertal geboren, lebt als Malerin und Autorin in Mainz. Sie veröffentlichte Erzählungen, Romane, Essays, literarische Sachbücher und Anthologien. 1998 erhielt sie den Martha-Saalfeld-Literaturpreis. Ihre Ölbilder, Aquarelle, Pastelle und Grafiken wurden in etlichen Ausstellungen gezeigt.

Simone Frieling

Ich schreibe, also bin ich

Hannah Arendt, Else Lasker-Schüler,
Sylvia Plath, Virginia Woolf u. a.

Mit Grafiken von
Simone Frieling

ebersbach & simon

1. Auflage 2019

Umschlaggestaltung: Lisa Neuhalfen, moretypes, Berlin
unter Verwendung von Fotografien von
Sylvia Plath, Interfoto /Granger, NYC; Hannah Arendt, picture alliance; Virginia Woolf, George Charles Beresford; Else Lasker-Schüler, DLA Marbach; Katherine Mansfield, Archives of New Zealand.
Satz: Birgit Cirksena · Satzfein, Berlin
Grafiken: Simone Frieling, Mainz
Druck und Bindung: GGP Media GmbH, Pößneck
Printed in Germany
ISBN 978-3-86915-185-4

www.ebersbach-simon.de

Inhalt

Vorwort

Die bedeutendste russische Lyrikerin widmet eines ihrer längsten Gedichte nicht der Liebe, nicht der Sehnsucht, nicht dem Tod, sondern ihrem Schreibtisch. 42 Strophen, in mehr als zwei Jahren zusammengetragen, sind Marina Zwetajewa gerade genug, um diesen hölzernen Klotz zu preisen:

»Mein Schreibe-, mein Last-Maultier.
Dass du nicht zusammenbrachst mir,
Den mit Traum auf Traum ich belud,
Hab Dank du, der trug und trug.«

Der Tisch ist für die Schriftstellerin nicht nur Gegenstand, sondern auch Ort. Sein Standort ist Manifestation ihrer Kreativität. Denn sobald der Tisch steht und an ihm gearbeitet wird, fügt sich der Raum: Das Zimmer wird zum Arbeitszimmer. Zwetajewa, die einen unabhängigen Geist und eine große Begabung besaß, fand ihren Arbeitstisch und damit ihren Ort zum Schreiben fast überall: »Ob Garten-, ob Esstisch« oder »ein Billard-, ein Ladentisch«. Sie zieht sogar den Baumstumpf und den Brunnenrand, die Kirchentreppe und eine alte Grabplatte in Betracht. »Der Poet – kann sich anpassen: Tisch ist ihm alles, Altartisch – ihm!«

Zu schreiben hieß für sie zu existieren – und als ihr das Schreiben genommen wurde, wollte sie nur noch eines: sterben. Rosa Luxemburg empfand ähnlich, hatte aber das Glück, in den schwersten Zeiten ihres Lebens ihren Schreib-Ort gefunden zu haben: nämlich in der Zelle des Gefängnisses. Hier entwickelt sich die politische Agitatorin zur Dichterin.

»Eine Frau muss Geld und ein eigenes Zimmer haben, um schreiben zu können«, erklärte in ihrem oft zitierten Oxforder Vortrag *A Room of One's Own (Ein eigenes Zimmer)* 1928 Virginia Woolf, Marina Zwetajewas berühmte Kollegin und Zeitgenossin. So schlicht ihre Forderung klingt, gerade für eine Schriftstellerin, die sich auf die Höhe ihres Ruhmes zu bewegte, war sie und ist vielleicht noch immer nicht selbstverständlich. Oft hat es Autorinnen an dem einen oder dem anderen, oft an beidem gefehlt. Das Leben vieler von ihnen war nicht nur, wie auch bei ihren männlichen Kollegen, ein Kampf um die materielle Existenz, sondern schon um einen eigenen Arbeitsplatz: den Raum zum Schreiben.

Wie unterschiedlich dieser Kampf geführt wurde, wie verschieden er ausgegangen ist, triumphal bei der einen, deprimierend bei der anderen – davon handeln die folgenden Kapitel. Er hat, wie Virginia Woolf andeutete, vielleicht mit der »großen Frage nach der wahren Natur der Frau und der wahren Natur der Literatur« zu tun, in jedem Fall aber mit den konkreten Bedingungen, unter denen Frauen im 20. Jahrhundert schrieben – also mit ihrem häuslichen und ihrem sozialen Leben, nicht zuletzt auch mit den Rollen, in denen sie sich als Frauen zu ihrer Zeit bewegen mussten und bewegen wollten. Der Kampf um das eigene Arbeitszimmer spielt gleichermaßen in ihr Werk und ihr Leben hinein, und er ist auf das Engste mit ihrer Produktivität und damit ihrer Psyche verknüpft. Schriftstellerinnen haben über die räumlichen Umstände ihrer Arbeit immer wieder Auskunft gegeben, in Gedichten und Essays ebenso wie in Briefen, öffentlich und privat, frohlockend und klagend, aber immer konkret. Denn ihr Alltag war untrennbar mit dem Schreiben verbunden.

Sylvia Plath hat am Küchentisch gearbeitet, hin und her gerissen zwischen den Aufgaben einer perfekten Ehefrau und Mutter und denen einer Schriftstellerin. Schon der Anblick der Lebensmittel auf dem Tisch lenkte sie so sehr ab, dass sie an sich selbst als Dichterin zweifelte. Natalia Ginzburg hat in der Verbannung an dem Tisch geschrieben, an dem sich das ganze Familienleben abspielte. Sie hat keine großen Worte darüber verloren und nachts geschrieben, wenn die Tischplatte frei war für ihre Gedanken, Ellenbogen und Papierstöße. Später genügte ihr das Sofa im Wohnzimmer, auf dem es möglich war, »lange Stunden müßig herumzuliegen, wenn ich etwas fertigbringen will.«

Elisabeth Langgässer war es eine Selbstverständlichkeit, für sich ein eigenes Arbeitszimmer zu fordern. Von Anfang an brachte sie ihrer künstlerischen Arbeit eine Achtung entgegen, die sie auch von ihrer Familie eingefordert hat. Langgässer arbeitete in ihrem »Damenzimmer«, während ihr Mann und sie kein eigenes Schlafzimmer besaßen.

Zumindest eines dieser Frauenzimmer ist berühmt geworden: das Gertrude Steins, allerdings vor allem der Gemälde wegen, die an den Wänden hingen. Bei Gertrude Stein war es aber ein ungeschriebenes Gesetz für die zahllosen Gäste, die ihren Salon besuchten, niemals die Gegenstände auf ihrem Arbeitstisch zu berühren. Sie durften ihn bestaunen, seine Aura aber nicht verletzen: Er war der Platz für sie allein, wo sie schon das Zimmer öffentlich machte. Aber auch Stein arbeitete nachts, wenn sie sich sicher sein konnte, in ihrem Schreibfluss nicht durch andere gestört zu werden. Ihr großes Bedürfnis nach Geselligkeit befriedigte sie nachmittags, indem sie Besuche machte, und abends, indem sie Besucher empfing.

Schriftstellerinnen wohnen zumeist am Arbeitsplatz. Er ist zumindest ein Teil ihres familiären Lebens, manchmal sogar, wie bei Gertrude Stein, der Mittelpunkt. Erica Jong hat diesem Umstand ein eigenes Gedicht gewidmet: »Am Arbeitsplatz wohnen«. Zu Hause zu arbeiten ist ebenso verlockend wie gefährlich. Zu Hause, von der Familie umgeben, sind Frauen ablenkbar, immer verfügbar für andere. Maxie Wander findet für diese Zerrissenheit in einem Brief treffende Worte: »da richte ich mich vielleicht gerade aufs Schreiben ein, hab mich mühsam herauskatapultiert aus den vielen Eindrücken des Tages, den vielen Menschen, Schicksalen – da kommt schon wieder jemand!« Und sie klagt: »wenn du wüsstest, wie gierig ich bin auf Ruhe und Arbeit und *eigene* Zeit, die mir gehört«.

Schreiben schließt die Anwesenheit eines anderen aus, gleichgültig wie bedürftig und geliebt die Person ist. Das eigene Arbeitszimmer wird spätestens dann zur Bedingung für künstlerische Produktivität, wenn die Kinder kommen. Mit ihnen in einem Raum zu arbeiten ist mehr als beschwerlich, an einem Tisch unmöglich. Ungestörte Arbeit gelingt oft nur nachts. Der Preis dafür sind Erschöpfung und ein immer abrufbares schlechtes Gewissen der Familie gegenüber. Wer jedoch, wie zum Beispiel Elisabeth Langgässer, die Härte aufbringt, die Bedürfnisse der Familie während der Arbeit von sich abzutrennen, bereitet den Kindern Kummer: Die Künstlerin entzieht sich als Mutter.

Doch die meisten Schriftstellerinnen wollen ihre Familie, besonders die Kinder, nicht vernachlässigen. Es gibt lange Briefe von Else Lasker-Schüler, in denen sie ihre Schwester und Freunde darum bittet, ihr ein gutmütiges Kindermädchen für ihren Sohn zu vermitteln, damit sie drei Stunden vormittags und drei nachmittags arbeiten könne. Virginia Woolf litt zeitlebens unter ihrer Kinderlosigkeit, war sich aber bewusst, dass sie dadurch große Vorteile als Autorin hatte. Doch auch ihr machte es »merkwürdigen Spaß, etwas durch und durch Weibliches wahrscheinlich«, ihren Mann zu umsorgen, wenn er krank war und für diese Zeit »auf die Feder zu verzichten.«

Wie sollen Frauen die Phasen überstehen, in denen sie regelrecht besessen sind von ihrer Arbeit und die Familie nach einer warmen Mahlzeit schreit? Wie Zeiten intensiver Recherchen und des Austauschs unter Kollegen, der meist abends stattfindet? Wann stellen sich die Rhythmen von einsamer Schreibarbeit, anregender Geselligkeit und einem allen gerecht werdenden Familienleben ein, die das produktive Arbeiten ohne Selbstzerstörung überhaupt ermöglichen?

Jede Autorin hat eigene Wege finden müssen, um zu ihrem Ziel zu gelangen. Kein Weg gleicht dem anderen, die individuellen Lebensentwürfe von Künstlerinnen weisen untereinander wenig Ähnlichkeiten auf, und doch sind sie alle beseelt von ein und demselben Wunsch: schöpferisch arbeiten zu können. Wie wenig dazu manchmal nötig ist, erfahren wir von Else Lasker-Schüler; ihr genügt der Anblick eines »Häuserrückens« vom Schreibtisch aus und schon sieht sie die Wand als ihre Tafel an, die sie dazu einlädt, »meine Verse in ihren morschen Stein zu prägen.« Und sie stellt sich vor, »wenn auch einst alle Häuser der Straße zerfallen sein werden«, so wird die »unsterbliche Tafel« mit ihren Worten weiterexistieren, da sie »vom göttlichen Stoffe« ist. Ein hoher Anspruch an das eigene Werk, der so in der Moderne nur noch selten formuliert, der aber im Grunde von jedem Schriftsteller geteilt wird: Sein Werk soll die Zeiten überdauern.

Eine besondere Rolle spielt das Fenster, unter dem die Autorin sitzt und arbeitet. In der Abkapselung des Schreibens stellt es den einzigen Kontakt zur Außenwelt dar. Sylvia Plath notiert, während sie sich mit ihrem Mann auf Wohnungssuche befindet, in ihr Tagebuch: »Diese Woche haben wir die ›ideale‹ Wohnung gefunden … wäre die Miete nicht so hoch … Aber der Blick, ach der Blick, ja der Blick.« Obwohl die Zimmer ungünstig geschnitten sind, werden sie wegen der Erkerfenster gemietet, unter denen später die Schreibtische stehen. Lasker-Schüler wird sogar noch von einer hässlichen Hauswand zum Schreiben angeregt, die ihr keine Sicht auf Wiesen und Wald gewährt. Virginia Woolf hingegen benötigt den Anblick von Bäumen und Wiesen, um ihre Gedanken in imaginäre Ferne schweifen lassen und dann wieder sammeln zu können. Bei den letzten Umzügen war es ihr Hauptinteresse, einen ruhigen und grünen Standort zu finden. Die Wohnung in London am Fitzroy Square hatte »Nerven aufgerieben, die nie wieder schlafen, solange ein Omnibus in der Nähe ist.« Lärm, der von draußen eindringt, ist ein Hauptfeind schreibender Menschen, er vermag sie so zu quälen, dass sie ihre Arbeit aufgeben. Sogar Hannah Arendt, die ihren Schreibtisch im Wohnzimmer aufstellen ließ, weil Geselligkeit ihr über alles ging, gab der Wohnung den Zuschlag, in der es »ganz ruhig« war, »weder Straße noch Nachbarn zu hören«.

Eines der größten Probleme für die Anerkennung der Frauen als Schriftstellerinnen ist der Literaturmarkt, auf dem es gilt, sich durchzusetzen. Begabte, hochsensible Frauen reagieren auf die Ablehnung ihrer Manuskripte nicht selten mit heftigen Krisen – wie Virginia Woolf, die nach solch einer Niederlage nicht nur ihr Werk, sondern sich selbst vernichtet sah; oder wie Sylvia Plath, die ihren Mann, Ted Hughes, mit dem sie im selben Zimmer arbeitete, zu hassen begann, weil er in der kurzen Zeit ihres Zusammenlebens produktiver und gefragter war.

Der ausbleibende Erfolg, das fehlende Geld schafft Abhängigkeit und Minderwertigkeitsgefühle. Die eigene Arbeit zurückzustellen zugunsten der Hausarbeit ist eine der natürlichsten Kompensationen von Künstlerinnen. Elisabeth Langgässer verzweifelt fast daran, entweder ihre Arbeit aufzugeben oder auf einen »gepflegten Haushalt« zu verzichten. »Was habe ich anderes gesehen von der Welt als putzen, flicken usw.«, klagt sogar eine Zwetajewa.

Schließlich spielen auch die Zeitumstände immer wieder in die Arbeit hinein. Einige Autorinnen, die in diesem Buch berücksichtigt werden, haben einen Weltkrieg erlebt, andere beide. Diktatur und Exil lasten auf ihren Lebenswegen und auf ihrem künstlerischen

Fortkommen. Es galt, nicht zu verhungern, nicht ausgebombt zu werden, nicht verfolgt, nicht verboten, die Familie zu erhalten, die Wohnung, die Stadt, das Land; der Heimat nicht verlustig zu werden, der Sprache, der Identität.

Im Exil war es nötig, nachdem man aus allen Zusammenhängen herausgerissen war, wieder einen Platz zu finden: zum Überleben, zum Schreiben, zum Veröffentlichen. Das ist nur den wenigsten gelungen. Zwetajewa sieht ihre Situation im Pariser Exil so: »*Hier* bin ich überflüssig. *Dort* bin ich unmöglich.« Einen Ort für Veröffentlichungen findet sie nur in den ersten Jahren in Zeitschriften; das Beste ihres Werks, ihre Lyrik, ist nicht gefragt. Da sie die Ernährerin der Familie ist, leiden vier Personen unter der Unmöglichkeit, in einem fremden Land in Kriegszeiten Bücher auf den Markt bringen zu können.

Ob die Lebensumstände eine Autorin dazu zwingen, eine gewünschte Schwangerschaft abzubrechen, um das Wohlwollen und die finanzielle Unterstützung der großbürgerlichen Familie nicht zu verlieren, wie es bei Katherine Mansfield geschah, oder ob man einem Terrorregime wie dem der Nationalsozialisten sein Kind zur Deportation überlassen muss, wie es Elisabeth Langgässer gezwungen war zu tun, ist ein großer Unterschied. Ersteres ist ein persönliches Unglück, Letzteres korrumpiert Leben und Werk.

Das vorliegende Buch ist ein Versuch, den Problemen, denen alle schreibenden Frauen gleichermaßen bei ihrer Arbeit unterworfen sind, nachzugehen. Im Mittelpunkt steht dabei die Bemühung, die allem erst den Boden bereitet: der Kampf um das eigene Zimmer, die

Suche nach dem Platz zum Schreiben, dem Raum der Kreativität. Nicht nur die Liebe ist erfinderisch, wie es im Buch der Bücher heißt, auch der Arbeitsdrang ist es. Ohne die schöpferische Kraft, die sich eigene Wege bahnt, zielstrebig ihren Ort sucht, ›blind‹ ihren Platz findet, hätte es nicht ein vollkommenes Werk einer Schriftstellerin gegeben. Selten hat diese Kreativität Paläste bewohnt, oft Kammern und Hinterstuben, und sie musste sich mit bescheidenstem Mobiliar zufriedengeben. Wie klein und dürftig die Arbeitszimmer auch waren – für viele Autorinnen sind sie eine Zuflucht vor der Welt geworden, ein Ort der Selbstvergewisserung und Selbstbestätigung, ja ein Hort des Glücks.

Das (fast) perfekte Haus

Virginia Woolf
(1882–1941)

Sie hat einen Sinn für Häuser – und hält sich etwas darauf zugute: Virginia Stephens, verheiratete Woolf, die größte englische Schriftstellerin des 20. Jahrhunderts. Sie besichtigt gern Wohnungen und beschreibt sie immer wieder in ihren Romanen und Erzählungen. Asheham House, ihr erstes Landhaus in Sussex, das sie mit ihrem Mann Leonard Woolf für sieben Jahre mietet, ist das Geisterhaus in ihrer Erzählung *Ein Geisterhaus.* Schloss Knole, in dem ihre Freundin und Geliebte Vita Sackville-West aufgewachsen ist, verewigt sie in ihrem Roman *Orlando.* Ihren langjährigen Wohnsitz, das Hogarth House im Londoner Vorort Richmond, hat sie weltberühmt gemacht: Indem sie und ihr Mann nach ihm den kleinen Verlag mit Handpresse nennen, den sie 1917 gründen und der einer der wichtigsten Verlage für moderne Literatur wird. In der »Hogarth Press« werden, neben eigenen Werken, Katherine Mansfield, Gertrude Stein, T. S. Eliot und auch wissenschaftliche Texte wie die von Maynard Keynes und Sigmund Freud verlegt.

Die Woolfs drucken in der Speisekammer, binden die Bücher im Esszimmer und führen die notwendigen

Gespräche mit den Autoren, Buchbindern und Druckern im Wohnzimmer. Die Buchbestellungen kommen mit der Post ins Haus. Jeden Morgen lauschen die beiden, wie viele Briefe auf den Steinboden ihres Flures klatschen. Nach dem Geräusch berechnen sie die Auflage und die Einkünfte.

Virginias Aufgabe im Verlag ist es, Manuskripte zu lesen und Autoren anzuwerben, Leonard obliegt die Geschäftsführung, und die Malerin Vanessa Bell, Virginias ältere Schwester, kümmert sich um die Gestaltung der Einbände. Aber der eigentliche Zweck, den Leonard mit der Anschaffung der Druckerpresse verbindet, ist ein therapeutischer: Die handwerkliche Tätigkeit soll Virginia einen Ausgleich zu ihrer Arbeit als Autorin verschaffen. Eine Arbeit, die sie mit Ehrgeiz und eisernem Willen verfolgt; ähnlich wie Thomas Mann fordert sie ein Tagespensum von sich, das etwa drei Druckseiten entspricht. Meistens kann sie es einhalten.

Der eigene Verlag bietet noch einen weiteren Vorteil: Virginia, die panische Angst vor Kritik und Ablehnung hat, muss sich weder dem Urteil eines Verlegers noch dem eines Lektors unterwerfen. Einzig Leonard und sie übernehmen die Verantwortung für die Qualität ihrer Bücher.

Hogarth House ist für Virginia Woolf »das perfekte Haus, wenn ich je eines gesehen habe«, wie sie am 30. Januar 1915 in ihrem Tagebuch schreibt, nachdem sie es gerade besichtigt hat. Die Straße, in der das Haus liegt, heißt Paradise Road. Von ihrem Schreibzimmer aus sieht Virginia auf die hohe, achteckige Pagode und die Bäume von Kew Gardens.

Nach neun Jahren aber ist sie es müde, dort zu wohnen. Die Alltagsroutine und die überschaubaren Verhältnisse fangen an, sie zu langweilen. Zwei Zustände können für Virginia Woolf äußerst bedenklich werden: zu viel Aufregung oder die Leere des Stillstands. »Der bloße Gedanke an Veränderung bringt frische Luft herein«, notiert sie ins Tagebuch. Im gleichen Atemzug lästert sie über eine befreundete Familie: »alle behaglich untergebracht, missmutig & in dem festen Glauben, ein solches Leben sei ihnen von unserem Vater im Himmel vorgeschrieben. Mein Zustand ist nun aber unendlich viel besser. Ich starte jetzt ins Nichts.«

Immer wieder ist sie es, die zum Aufbruch ruft, wohl wissend, wie gefährlich er für sie werden kann. Aber Woolf ist nicht nur scharfsichtig bei anderen Menschen, sie selbst unterwirft sich, ähnlich wie Katherine Mansfield und Sylvia Plath, einer radikalen Selbsterkundung in ihren Tagebüchern. Diese fällt allerdings im Ton anders aus als bei ihren Kolleginnen: sie ist nüchtern, klug und selbstkritisch.

»Rede dir niemals ein, dass das, was du nicht gekriegt hast, nicht zu haben lohnt – ein guter Rat, glaube ich. Jedenfalls fällt er mir oft wieder ein. Rede dir zum Beispiel nicht ein, dass sich Kinder durch etwas anderes ersetzen lassen.« Zeitlebens leidet Virginia Woolf unter ihrer Kinderlosigkeit und ist eifersüchtig auf ihre Schwester, die drei »wunderbare Kinder« hat und als Malerin ein freieres, ein aufregenderes Leben führt als sie. Die Angst, als kinderlose, reife Frau – sie hat gerade die Vierzig überschritten – in der Vorstadt zu versauern, ist für sie Grund genug, sich auf das Abenteuer des Ortswechsels einzulassen. Von dem pulsierenden Leben in einer Metropole erhofft sie sich selbst neue Impulse.

Sie überzeugt ihren Mann, Hogarth House zu verlassen und ins Londoner Zentrum umzusiedeln. Leonard reagiert, wie immer, auf Virginias Hochstimmung zurückhaltend. Zu oft schon hat er erlebt, dass ihre Euphorie in Verzagtheit umschlägt. Er weiß, dass jede Veränderung, besonders die eines Umzugs, die Gesundheit seiner Frau gefährden kann. Tatsächlich kommen den beiden Zweifel, als sie den Mietvertrag genau lesen; eine Klausel, die eine Untervermietung ausschließt, könnte sie in finanzielle Schwierigkeiten bringen. Leonard ist nach der Prüfung des Vertrags »sehr niedergeschlagen«, und Virginia befragt sich daraufhin: »Warum tue ich das? Lohnt es sich? Ist das Risiko nicht zu groß? Und ich antworte je nach Laune. Mein Herz hat am Donnerstagabend wie ein verletzter Aal in meiner Brust gezuckt: gestern war es heiter wie ein Sommertag; heute ist es wund und aufgeraut. Aber es gefällt mir, dass ich meine Hürden nehme. Solange die Überstürztheit nicht zur Torheit wird. Wenn alles missglückt, dann habe ich jedenfalls versucht, etwas zustande zu bringen.«

Woolf stürzt sich in die Vorbereitungen des Umzugs: »Es ist merkwürdig, wie sehr einen diese Häuserfrage absorbiert. Es ist ja auch eine radikale Veränderung. Es bedeutet, dass 4 Leben revidiert werden müssen«, sie denkt auch an ihre beiden Bediensteten, für die sie sich verantwortlich fühlt und von denen sie sich nun trennen wird. »Ich habe so viel Arbeit am Hals. Es ist seltsam, wie unwichtig mir meine Arbeit plötzlich vorkommt, wenn eine praktische Angelegenheit wie diese in die Quere kommt.«

Im März 1924 zieht das Ehepaar nach Bloomsbury, Tavistock Square 52. Es bezieht die beiden oberen

Stockwerke des großen, viergeschossigen Hauses, das an der Südseite des Squares den Block abschließt. Die Hogarth Press wird im Kellergeschoss untergebracht, den großen Billardsaal im Hintergarten nutzt Virginia als Arbeitszimmer. Am 5. April schreibt sie: »Es dauert lange, bis man sich an etwas gewöhnt – an das Leben in 52 Tavistock Square haben wir uns noch nicht ganz gewöhnt, sind aber auf dem richtigen Weg. Ich bin jetzt schon eine Woche nicht mehr von Lärm belästigt worden. Man hört und sieht allmählich nichts mehr. Die stärkeren Interessen setzen sich sehr wahrscheinlich durch, schaffen Ordnung, indem sie über die weniger starken triumphieren. Ich merke viel weniger als vor zehn Tagen. Bald werde ich mich an das Leben in diesem Zimmer gewöhnt haben.«

Trotz ihrer Lärmempfindlichkeit kann sich Virginia beim Schreiben »in eine Schutzhaut oder Hülle verkriechen«, die sie vor der Umwelt abschirmt. Sie sitzt in einem niedrigen Lehnstuhl, eine große Sperrholzplatte mit angeleimtem Tintenfass auf den Knien, und schreibt in ein selbstgebundenes Notizbuch. Später tippt sie den Text in die Schreibmaschine, wobei sie ihn zehn- bis zwanzigmal überarbeitet. In intensiven Phasen des Schreibens kommt es vor, dass ihr Zimmer verwahrlost. Sie ist umgeben von »Kehrichthaufen von Papieren, Briefmarken, Manuskripten und großen Flaschen Tinte, Häufchen von alten Schreibfedern, Bindfäden, abgebrannten Streichhölzern, rostigen Büroklammern, zerknüllten Briefumschlägen, kaputten Zigarettenspitzen.«

Tavistock Square wird ihre letzte Londoner Adresse. Im September 1939, bevor das Haus im Oktober 1940 bei einem deutschen Bombenangriff zerstört wird, ziehen die Woolfs aufs Land.

Schon 1919 hatten sie Monk's House in Rodmell, Sussex gekauft – ein »altmodisches« Landhaus, ohne Strom und fließendes Wasser. Nach und nach renovieren und erweitern sie das Haus. 1934, in dem Jahr, in dem Monk's House an die Wasserleitung angeschlossen wird, bauen sie im Garten ein kleines Haus, in dem Virginia, mit Blick auf die Kirche von Rodmell, arbeiten kann. Hier schreibt sie, bevor sie sich das Leben nimmt, auch die zwei Abschiedsbriefe an die beiden Menschen, die sie am meisten liebt: an Leonard und an Vanessa. In den Briefen teilt sie mit, dass sie wieder Stimmen höre; für sie ein Vorbote des Wahnsinns. Sie ist sich sicher, »diesmal werde ich nicht wieder gesund werden.« Am 28. März 1941, einem kalten, klaren Tag, geht Virginia Woolf über die Wiesen zu dem kleinen Fluss Ouse, der den Gezeiten unterworfen ist, zwängt in ihre Manteltasche einen großen Stein und ertränkt sich in dem eisigen Wasser.

Sie geht einen vertrauten Weg, einen Spazierweg, den sie mit ihrem Mann und ihren Freunden immer wieder gegangen ist, an den beiden Ulmen im Garten vorüber, die eng beieinanderstehen und zärtlich von ihnen »Virginia« und »Leonard« genannt wurden. An diesem Ort liegt sie auch begraben.

Der Gedanke an den Tod ist Virginia Woolf nicht fremd, zu oft schon in ihrem Leben hat sie sich mit ihm beschäftigt, ist auf ihn zugegangen: Nach dem Tod ihrer Mutter, ihres Vaters, im Jahr ihrer Hochzeit, nach Beendigung eines Romans, vor und nach einem Umzug, bei Liebeskummer, in Kriegszeiten und bedauerlicherweise auch beim Verriss eines Buches. »Wenn es nicht die unglaubliche Güte Leonards gäbe, wie oft hätte ich dann an den Tod gedacht …«

An ihrer periodisch auftretenden Krankheit bestürzt sie am meisten die fremde Zunge, mit der zu sprechen sie der Wahnsinn zwingt. Sie beschimpft Menschen, die sie liebt; sie spricht vernichtende Urteile über ihr schriftstellerisches Werk, das sie schätzt; sie hält Hasstiraden gegen alles und jeden. In diesen Zuständen erkennt sie sich selbst nicht wieder, verliert, was ihr vertraut ist. Virginia muss ihren ganzen Mut, ihre Intelligenz und Willensstärke aufbieten, um diese Stimmen jedes Mal wieder zum Schweigen zu bringen.

Wenn aber die dunkle Zeit der Depressionen und Halluzinationen, der Ess- und Schlafstörungen durchgestanden ist, dann deutet sie ihr Leiden als Quelle schöpferischer Kraft. In dieser Einschätzung bestärkt sie ihr Mann. Auch für ihn gehört Virginias Krankheit untrennbar zu ihrer außergewöhnlichen Begabung als Schriftstellerin.

Für Virginia Woolf gibt es also mehrere Gründe, sich bei jedem Wohnungswechsel genau zu fragen, ob der Ort, das Haus, das Zimmer zuträglich für ihre Arbeit ist und ihr einen Halt während ihrer Krankheitsphasen bieten kann. Nicht nur die Handpresse und zwei bis drei Verlagsmitarbeiter müssen untergebracht werden, sondern auch Krankenschwestern, die sich oft über Monate im Haus aufhalten, um Virginia zu pflegen. In höchster Produktivität und größter Verzweiflung werden ›die eigenen vier Wände‹ zum Wichtigsten in ihrem Leben.

Die Woolfs sind sich schon vor ihrer Eheschließung einig, dass sie vom Schreiben leben wollen und sehr viel arbeiten würden. Sie sind ein ungewöhnliches Paar: scharfsinnig und schrullig, klug und verblendet, anspruchslos und snobistisch. Bei allen Unterschieden verbindet sie von Anfang an tiefste Loyalität und Liebe. Die Frau, die durch ihren Essay *Ein Zimmer für sich allein* 1929 ihren Ruf als feministische Autorin festigt – der Titel wird zum Schlagwort für die Forderungen der Frauenbewegung, der Essay selbst immer wieder zitiert –, schreibt in ihrem Abschiedsbrief an ihren Mann: »Was ich sagen möchte, ist, dass ich alles Glück meines Lebens Dir verdanke.«

Hier finden wir eine Konstellation zwischen Liebenden, in der der eine größten Respekt vor der Persönlichkeit des anderen hat. Schon vor der Ehe weiß Virginia Stephen: »L. hält mein Schreiben für das Beste an mir.« 28 Jahre lang wird Leonard Woolf nicht müde in seinen Bemühungen, für seine Frau optimale Arbeitsbedingungen zu schaffen. Sich geliebt und angenommen zu fühlen, ist für die sensible Frau die Grundvoraussetzung, um sich entfalten zu können. Nur unter Freunden und in der Familie zeigt sich ihr Esprit: analytisch in der Beobachtung anderer Menschen, hingebungsvoll mit ihren Schwächen beschäftigt. Ihre Ironie kann verletzend sein, ihre Selbstironie köstlich, ihr Witz weise. Diese Eigenschaften verkehren sich aber sofort in Verzagtheit und Kleinmut, wenn Virginia Woolf sich unterlegen fühlt. In ungeliebter Gesellschaft wirkt sie scheu, ja beinahe linkisch. Kleinste Ereignisse können sie aus der Fassung bringen, Schicksalsschläge lösen bei ihr schwerste Symptome aus.

Deshalb scheint es Leonard schon ein halbes Jahr nach der Hochzeit angebracht, täglich Eintragungen über ihren Gesundheitszustand zu machen. Nach seinen Erkenntnissen über die Ursachen ihrer Stimmungsschwankungen entwickelt er einen detaillierten Plan für den Alltag, dem sich Virginia unterwirft. Der geregelte Tagesablauf zwingt sie, sich an feste Mahlzeiten zu halten, sich Ruhepausen zu gönnen, lange Spaziergänge zu machen und die Nachtruhe um 23 Uhr zu beginnen. Er reglementiert auch die Zahl der Besuche und Besucher, oft zum Kummer Virginias, die mehr wünscht, als sie verkraften kann. Da sie aber weiß, dass diese Art zu leben die einzige ist, die ihr kontinuierliches Arbeiten ermöglicht, akzeptiert sie die Einschränkungen meist ohne Klagen.

Leonard ist sich bewusst, dass er nur bestimmte Dinge von seiner Frau fernhalten kann, auf die wesentlichen hat er keinen Einfluss: »die geistige Belastung ihrer Fantasie oder ihres Genies ... war genauso gefährlich oder gefährlicher.« Er kann ihr »nicht verbieten, zu denken, zu arbeiten, zu schreiben.« Vor allen Dingen kann er ihr sensibles Gemüt nicht vor den psychischen Auswirkungen zweier Weltkriege schützen. Er ist ein analytischer Beobachter politischer Ereignisse, sie lässt sich eher von Gefühlen leiten.

1918, am Ende des Ersten Weltkriegs, kann Virginia Woolf bei Luftangriffen über London noch eine heitere Haltung zeigen: »Jedes Mal, wenn Vollmond war, musste man mit Luftangriffen rechnen, die die Bewohner des Hogarth House ins Kellergeschoss trieben. Dann wurden Bettzeug und Decken heruntergebracht und auf Gänge und Vorratskammern verteilt. Leonard pflegte, wie aufgebahrt, auf einem Küchentisch zu liegen, Virginia darunter. Die Dienstboten, die es vorzogen, jede Nacht unten zu schlafen, hatten regelrechte Kojen. Sie schwatzten und kicherten über Virginias Scherze, bis Leonard Ruhe gebot. Dann versuchten alle, so gut es ging, zu schlafen, während über ihnen die Zeppeline oder Flugzeuge kreisten und ihre Bomben warfen und die Fliegerabwehrkanonen den nächtlichen Lärm noch vermehrten.« So beschreibt es Quentin Bell, der Neffe Virginias, in seiner einfühlsamen Biografie über die Tante.

1940 werden die Zustände auch auf dem Land bedrohlich. Nach einem Bombenangriff, der ihr Haus in Rodmell nur um wenige Meter verfehlt, schreibt Virginia im Oktober in ihr Tagebuch: »Gestern Nacht fiel unter dem Fenster eine große schwere Bombe. So dicht, dass wir beide aufschreckten. Ein vorbeifliegendes Flugzeug hatte diese Frucht abgeworfen. Wir gingen auf die Terrasse hinaus. Plundersterne glitzerten & funkelten. Alles ruhig. Die Bomben fielen auf Itford Hill. Am Fluss liegen zwei, die mit weißen Kreuzen markiert und noch nicht detoniert sind. Ich sagte zu L.: Ich will noch nicht sterben.«

Am Ende des Tagebucheintrags reflektiert sie: »Ach ich versuche mir vorzustellen, wie man durch eine Bombe stirbt ... das Knirschen & Durcheinandergeraten, das Zerbrechen meiner Knochen, das auf meinen höchst aktiven Blick & mein Gehirn übergeht: der Vorgang des Lichtauslöschens, – schmerzhaft? Ja. Entsetzlich.«

Und doch durchlebt Virginia wenige Monate vor ihrem Freitod noch einmal eine gute Zeit auf dem Land. Zwar steht London in Flammen, wird flächendeckend bombardiert, aber nun hat England endlich Deutschland den Krieg erklärt und alle erhoffen sich, die Invasion abwenden zu können. Obwohl Virginia durch und durch Pazifistin ist, im Gegensatz zu ihrem Mann, begrüßt auch sie den Widerstand Englands.

Virginia vergleicht das Landleben mit dem in der Großstadt und kommt zu dem Schluss, dass sie in Rodmell eigentlich ein Faulenzerleben führe. Leonard bringt ihr, wie schon seit Jahren, das Frühstück ans Bett, sie bleibt noch eine Weile liegen und liest. Dann nimmt sie ein Bad, danach bespricht sie den Küchenzettel mit ihrer Haushaltshilfe, die aus dem Dorf kommt. Nachdem diese Dinge geregelt sind, begibt sie sich in ihr Gartenhaus, um zu schreiben.

Die Arbeit geht ihr gut von der Hand, sie wagt sich sogar an ein weiteres Buch. Ihren Schreibtisch hat sie so aufgestellt, dass sie beim Nachdenken auf die Niederungen zwischen Monk's House und Mount Caburn sehen kann.

Eine Bombe hat die Uferböschung der Ouse beschädigt, so ergießt sich das Wasser bis an den Rand ihres Gartens und bildet einen kleinen Binnensee, der Scharen von Wasservögeln anzieht. Diesen Anblick genießt Virginia. Nach einer Zigarette, »zum Einstimmen«, schreibt sie bis 13 Uhr. Dann geht es zum Mittagessen, das wegen der Lebensmittelknappheit kärglich ausfällt, deshalb aber umso mehr geschätzt wird.

Nach dem Essen liest Virginia ausgiebig die Zeitung, macht einen Spaziergang und erledigt kleinere Hausarbeiten. Sie sammelt Äpfel von den Wiesen oder backt Brot. Nachmittags gibt es Tee, danach schreibt sie Briefe oder Tagebuch oder liest. Dann ist es Zeit für sie, das Abendessen herzurichten; später hört sie Musik, liest oder stickt. Gegen 23 Uhr geht sie zu Bett.

Die Woolfs bekommen regelmäßig Besuch. Besonders willkommen ist Vita Sackville-West, die durch ihren Besitz an Ländereien über begehrte Lebensmittel verfügt. Wie ein Kind freut sich Virginia, als die Freundin ihnen einen großen »Butterklumpen« schenkt. Sie schwärmt: »Du hast ganz vergessen, wie Butter schmeckt. Ich werde es Dir sagen – wie ein Mittelding zwischen Tau und Honig. O Gott, Vita! ... Bitte, gratulier den Kühen von mir und auch dem Milchmädchen ...«

Mit der ihr eigenen Willenskraft und ihrem Humor kämpft Virginia gegen die Depression an, die sich zu Beginn des Jahres 1941 einstellt. Kriegsangst, Furcht vor einem weiteren Krankheitsschub, schlechte Nachrichten von Freunden und alltägliche Kümmernisse machen ihr schwer zu schaffen. Noch hat ihre Selbstironie sie nicht verlassen. Als eine ihrer Erzählungen abgelehnt wird, verordnet sie sich gegen die Niedergeschlagenheit, ihre Küche zu entrümpeln. »Ich lasse mich von diesem Verzweiflungstief nicht verschlingen, das schwöre ich. Die Einsamkeit ist groß. Das Leben in Rodmell ist völlig bedeutungslos. Das Haus ist klamm. Das Haus ist unaufgeräumt. Aber es gibt keine Alternative. Zudem werden die Tage wieder länger. Ich brauche einen Energieschub wie früher«, schreibt sie am 26. Januar 1941.

Doch der erhoffte Energieschub bleibt aus. Schlimmer noch, nach Beendigung des Romanmanuskripts *Zwischen den Akten,* am 26. Februar 1941, bricht eine heftige Attacke von Angst und Verzweiflung über sie herein. Schon im Januar und bis zu ihrem Ende finden sich Stellen in Virginias Tagebuch, die unheilverkündend klingen. Auch Leonard macht sich Sorgen. Am 27. März ruft er verzweifelt die befreundete Ärztin

Octavia Wilberforce an. Nach einer Unterredung mit Virginia teilt die Ärztin Leonards Sorge. Man weiß nicht recht, wie man der Patientin dieses Mal helfen kann, und hofft auf die gute Wirkung des Gesprächs zwischen Octavia und Virginia. Als die Ärztin sich am nächsten Abend nach ihr erkundigen will, ist die Schriftstellerin bereits tot.

Die gänzlich unsentimentalen Abschiedsbriefe zeigen, dass hier ein Mensch in den Tod gegangen ist, der sich seiner Lage sehr bewusst war. In Virginia Woolfs Handeln lag die Stärke und Klarheit, die sie ein Leben lang angestrebt hat. Noch am Ende gelingt ihr ein gerechter, liebender Blick auf Mensch und Welt.

»Ich glaube nicht, dass zwei Menschen glücklicher hätten sein können, als wir gewesen sind.«

Die Autorin, die ihren Ort nie fand

Katherine Mansfield
(1888 – 1923)

Sogar die gewissenhaftesten Biografen von Katherine Mansfield haben ihre Umzüge nicht zählen, ihre wechselnden Wohnstätten nicht nennen und das Elend ihrer Unbehaustheit nicht beschreiben können. Aufgewachsen in einem erdbebensicheren Haus in Wellington, Neuseeland, das einer fünfköpfigen Familie mit Großmutter, Tante und Bediensteten Raum gab, endete Katherines Leben 34-jährig in einem Kuhstall. Nicht ganz – man hatte ihr noch eine kleine, zugige Kammer in einem alten Kloster zugewiesen, die ihr bei der »Schulung des Willens« helfen sollte, ihre Schwindsucht zu überwinden.

Ein Dach über dem Kopf hatte sie: in muffigen Pensionen, kalten Mansarden, düsteren Souterrains, kleinen Cottages, Hotelzimmern, Sanatorien, Krankenhäusern, Ateliers und Ferienwohnungen von Freunden. Sie musste aus ihnen fliehen: weil sie schwanger, unverheiratet, ansteckend war, die Miete nicht aufbringen oder bei Feuchtigkeit, Dunkelheit und Lärm nicht arbeiten konnte.

Ein guter Geist, ihre Freundin Ida Baker, mietete die meisten von Mansfields Wohnungen an, stattete sie aus, hielt sie instand und löste sie schließlich wieder auf. Sie gab eigenes Geld zur Miete, verkaufte ihre Möbel, um Katherine in Sicherheit zu wissen, auch als diese längst verheiratet war. Mehrere Male suchte sich Ida in ihrer Nähe eine Anstellung, so auch in Frankreich kurz vor Katherines Tod, um bei ihr sein und sie pflegen zu können. Diese Art der Liebe und Fürsorge erstreckte sich auf Katherine Mansfields ganzes Leben. Ohne Ida Baker wären die Tage der Schriftstellerin noch trostloser und aufreibender verlaufen. Die Freundin gab ihr ohne Gegenleistung alles, was in ihrer Macht stand.

Mit 20 Jahren verlässt Kathleen Beauchamp ihre Heimat und kehrt für immer dem großbürgerlichen Leben ihres Elternhauses den Rücken. Sie ist wild entschlossen, es gegen das einer Schriftstellerin in London einzutauschen, von dem sie sich größtes Glück und Selbstverwirklichung verspricht. Ausgestattet mit einer dürftigen Jahresrente, ohne Lebenserfahrung, einzig auf die Mädchenfreundschaft mit Ida Baker zählend, stürzt sich die junge Frau in die Selbstständigkeit.

Ihre Familie hat sich ihrem drängenden Wunsch beugen müssen, nachdem Katherine 1907 eine Story veröffentlichen konnte (unter dem Künstlernamen Katherine Mansfield), die ihr nicht nur die Hochachtung des Redakteurs, sondern auch den ersten Scheck einbringt. Vielleicht aber stattet ihr Vater, einer der sechs reichsten Männer Neuseelands, seine Tochter deshalb so kümmerlich aus, um ihr seine Einstellung zu diesem antibürgerlichen Schritt zu zeigen. Vielleicht hofft er auch, sie durch die bescheidenen Mittel in einem bescheidenen Gleichmaß halten zu können. Denn das ungestüme Temperament seiner jüngsten Tochter ist ihm und seiner Frau immer fremd und ihr Hass auf das Leben in der Heimat unverständlich geblieben. Nachdem Katherine den Wunsch, Autorin zu werden, durchgesetzt hat, wird er sie – im Gegensatz zu seinen übrigen fünf Kindern – endgültig als ›anders‹ empfunden haben, vielleicht sogar als verloren.

Katherine gilt als schwieriges Kind: träumerisch, im nächsten Moment scharf beobachtend; passiv, dann wieder impulsiv; nicht erreichbar für Ermahnungen, ungeheuer willensstark. Sie leidet unter Wutanfällen – ihr ganzes Leben lang. In der Schule empfindet man sie als aufsässig und hochmütig, und wie es fast allen Künstlernaturen geht, halten ihre Lehrer sie für nicht sonderlich begabt.

Das Wilde, das Ungestüme fesselt Katherine in der Liebe wie in der Natur. Sie fühlt sich erotisch zu einer Klassenkameradin hingezogen, einer stolzen Maori-Prinzessin, und sie liebt das »wilde, ungezähmte Wasser, das gegen meine einsame Insel brandet«, wie sie es in der Erzählung *An der Bucht* beschreibt.

Fast alles, was Katherine bewegt und wirklich widerfährt, wird in ihren Stories verarbeitet; kaum eine ihrer Erzählungen ist ohne autobiografischen Hintergrund vorstellbar. Umso dringlicher scheint es Katherine, nach ihrem ersten Londonaufenthalt von 1903 bis 1906 und der erzwungenen Rückkehr in die Heimat, das lähmend langweilige Leben dort gegen die aufregenden Erfahrungen in der Großstadt zu tauschen. 18-jährig denkt sie schon wie eine professionelle Autorin daran, wer und was ihr den Stoff für ihre nächsten Erzählungen verschaffen würde.

Hinzu kommt eine innere Unrast und ein Lebenshunger, lange bevor bei ihr die Tuberkulose ausbricht, sodass sie Aufbrüche nicht scheut. Auch Trennungen scheinen ihr vordergründig leicht zu fallen, ihrem Schmerz gibt sie oft erst Jahre später in ihren Stories Raum.

Das dominierende Gefühl ihrer Kindheit, anders zu sein als ihre Geschwister und Klassenkameraden, lässt die Schriftstellerin nie los. »Die kleine Wilde aus den Kolonien« wird sie im Queen's College genannt und ihr damit der Mund verboten. Als »colonial born« wird sie später in London von den Leuten abgetan, die, wie ihre Eltern, zur Oberschicht gehören. Jung zu sein und als ›freie Autorin‹ zu leben, ist besonders Frauen ein Dorn im Auge.

Misst man Katherine Mansfields Erwachsenenleben von 1908 bis 1923 mit einem bürgerlichen Maß, so muss es wie ein Alptraum erscheinen. Das luxusverwöhnte Mädchen, das in seiner Kindheit nur geordnete Umzüge erlebt hat – jedes Mal, wenn der Vater befördert wurde, ging es in ein größeres, stattlicheres Haus mit Dienerschaft und allem Komfort –, flieht jetzt als junge Frau von einer Bleibe zur nächsten. Das Gefühl, nirgends hinzugehören, beschleunigt die Wechsel. Um besser arbeiten zu können, verlässt sie Beauchamp Lodge, eine billige und laute Unterkunft für Studenten. Sie zieht zu einer befreundeten Familie, verliebt sich in den 19-jährigen Sohn Garnet Trowell, folgt seiner umherreisenden Operntruppe, verlässt diese verzweifelt, da das vagabundierende Leben ihr keinen Raum zum Schreiben lässt. Eine Eheschließung zwischen Katherine und Garnet wird von den Trowells nicht akzeptiert, ein weiteres Zusammenwohnen ebensowenig. Schließlich landet Katherine wieder in einem Zimmer in Beauchamp

Lodge, aus der sie geflohen war. Erste Eintragungen im Tagebuch vermerken die Einnahme von Veronal.

Schwanger von Garnet Trowell, heiratet Mansfield George Bowden, verlässt ihn nach einem Tag, wird von ihrer Mutter, die nur Verachtung für ihre Tochter empfindet, nach Bad Wörishofen in Bayern geschickt; dort verliert sie das Kind. Aber sie scheint in Bad Wörishofen zur Ruhe gekommen zu sein, das heißt zum Schreiben. Es entstehen ironische Erzählungen, in denen die Charaktere bis ins Lächerliche hinein überzeichnet sind. Später wird daraus das Buch *In einer deutschen Pension,* das ihr gute Kritiken einbringt und Geld.

Dieses erste Jahr in der ersehnten Freiheit ist wegweisend für alle späteren. Es folgen unzählige Umzüge, schwerste Erkrankungen, bis zur Tuberkulose, eine Abtreibung, die Rückkehr zu George Bowden, erneutes Verlassen, die regelmäßige Einnahme von Beruhigungsmitteln, Geldnöte, die Verpfändung ihrer Jahresrente, große Lieben, große Enttäuschungen, schließlich die zweite Ehe mit dem Journalisten und Schriftsteller John Middleton Murry, den sie 1911 kennenlernt und 1918, schon an Schwindsucht erkrankt, heiratet. Der Erste Weltkrieg, der Lebensmittelverknappung und von 1915 an Bombenangriffe mit sich bringt, erschwert noch ihr Leben.

Schon 1911 gibt es einen Tagebucheintrag, in dem sich Katherine dazu aufruft, ein neues Leben zu beginnen, denn das bisherige sei »bis auf den letzen Faden abgenützt.« Solche Reflexionen finden sich in ihrem Tagebuch bis zu ihrem Tod.

Sicher sind es ihr Lebenshunger, ihre Konstitution und die ungeheure Sensibilität, mit der Katherine die

Natur und menschliche Verhältnisse wahrnimmt, die sie aufreiben. Außerdem wirft sie unentwegt einen sezierenden Blick auf ihr künstlerisches Fortkommen, ähnlich wie Sylvia Plath es Jahrzehnte später in ihren Tagebuchaufzeichnungen tun wird.

Katherines Gedächtnis ist außergewöhnlich: es speichert Dialoge, die in ihrer Kindheit geführt worden sind, Räume, die sie seit Jahren nicht betreten hat, und flüchtige Naturstimmungen, die lange zurückliegen. In der Erzählung *Der Wind weht* von 1920 kommt diese Fähigkeit besonders zum Ausdruck. Fast zwei Jahrzehnte liegen zwischen den Klavierstunden und der Beschreibung jenes Zimmers, in dem der Flügel stand. Katherines ehemaliger Musiklehrer wundert sich bei der Lektüre, dass die Autorin den Geruch der Baumwollgardinen und seiner Chrysanthemen noch in der Nase hat.

Wie Katherines ständige Suche nach einer passenden Unterkunft ausgesehen haben muss, entnehmen wir der Erzählung *Pension Séguin*, die erst nach ihrem Tod, 1924, erscheint.

»Das Dienstmädchen, das mir die Tür öffnete, war die Zwillingsschwester jenes tüchtigen, hässlichen Geschöpfs, das in *First French Picture* eine Suppenterrine hereinbringt. Ihr rundes rotes Gesicht strahlte wie frisch gespültes Geschirr. Dazu passend besaß sie ein Paar riesige nackte Arme und eine Unmenge melierter Haare, die in einer Art Brezel aufgesteckt waren. Ich stammelte und war ganz lächerlich außer Atem, als wäre ein Rudel russischer Wölfe hinter mir her anstatt fünf Treppenfluchten einer wunderschön gebohnerten französischen Treppe: ›Haben Sie ein Zimmer?‹ Das

Dienstmädchen wusste es nicht. Sie wollte Madame fragen. Madame war beim Abendessen.

›Würden Sie bitte näher treten?‹

Durch einen dunklen Flur, der von einem großen schwarzen Ofen bewacht wurde – er glich einer Katze ohne Kopf mit einem roten, allgegenwärtigen Auge mitten auf dem Bauch –, folgte ich ihr in den Salon.

›Bitte nehmen Sie Platz‹, sagte das Dienstmädchen und machte hinter sich die Tür zu.

Ich hörte ihre Pantoffeln über den Flur schlurfen, hörte, wie eine andere Tür geöffnet wurde, dann ein paar Geräusche, die sofort erstickt wurden. Und Stille.

Der Salon war lang und schmal; der gelbe Fußboden war mit weißen Matten übersät. Weiße Musselingardinen verbargen die Fenster; die Wände waren weiß und mit Gemälden bleicher Damen geschmückt, die in Zypressenalleen zu verlassenen Tempeln schwebten, während der Mond über endlosen Meeren aufstieg. Man hätte glauben können, dass all die langen Jahre von Madames Jungfräulichkeit dem Herstellen weißer Matten gewidmet waren und dass ihre kindliche Stimme deren Anzahl in Häkelsticken gelispelt hatte. Ich wagte nicht, mit dem Zählen zu beginnen. Von jeder erdenklichen Stelle fielen sie wie unmögliche Schneeflocken auf mich nieder. Selbst der Klavierhocker war mit einer Matte bezogen und mit einem F. P. bestickt.

Ich hatte den ganzen Vormittag nach einem Zufluchtsort gesucht. Zu Beginn flog ich zahllose Treppen hinauf, als wären es Dur-Tonleitern – das Fröhlichste, was es in der Welt gibt –, doch nach wiederholten Fehlschlägen waren die Tonleitern in Moll übergegangen, und mein Herz, das inzwischen ganz niedergeschlagen war, begann bei diesen Merkmalen und Anzeichen von Tugend und Ernst wieder aufzuhüpfen. ›Eine Frau mit so schlichten Liebhabereien‹, dachte ich, ›ist unbedingt ruhig und sauber, hat wenig Kinder und einen oft abwesenden Ehemann. Die Herstellung von Matten geht nicht ohne Weiteres Hand in Hand mit heiterem Singsang. Matten sind im Wesentlichen das Ergebnis frommer Einsamkeit. Hier würde ich bestimmt ein Zimmer mieten!‹ Und ich träumte bereits davon, wie ich in einem kleinen weißen Zimmer meine Kleider auspackte und in einen Kimono schlüpfte und auf einem weißen Bett lag und beobachtete, wie die Gardinen sich an den Fenstern bauschten, in köstlicher Herbstluft, die nach Äpfeln und Honig roch ... bis die Tür sich öffnete und eine große, magere Frau in einer lila Schürze eintrat und etwas unsicher lächelte.«

Die Sensibilität, mit der Katherine Mansfield die Atmosphäre in ihren Geschichten erschafft, ist die eines erschreckten Mädchens, das sich aber bedingungslos den Härten des Lebens stellen will. Tragischerweise zählt zu den Härten auch die Liebesbeziehung zu John Middleton Murry.

Wenn Katherine krank ist, flieht er sie; gibt es nur ein Arbeitszimmer im Haus, beansprucht er es für sich und lässt sie die Hausarbeit machen; haben sie gemeinsame Schulden, verpfändet sie ihre Jahresrente; kommt sie im Ausland in finanzielle Nöte, leiht er ihr allenfalls Geld. Besonders grausam zeigt er sich, wenn Katherine schwer krank in ausländischen Sanatorien kurt. Er verweigert ihr alles: Anteilnahme, Besuche, Briefe, Zeitungen, Bücher. Katherine wird fast wahnsinnig vor Einsamkeit und stürzt in tiefste Schwermut. Ihr Ehemann vermarktet sie hemmungslos nach ihrem Tod, zu Lebzeiten lässt er es an Allem fehlen.

1917 lernen Mansfield und Murry Virginia und Leonard Woolf in London kennen und nähern sich für kurze Zeit einander an. Die Woolfs sind von dem Talent Katherines so angetan, dass sie im Juli 1918 ihre Erzählung *Prélude* im eigenen Verlag der Hogarth Press herausbringen. Das Urteil, das Leonard Woolf nach Katherines Tod, der ihn und Virginia sehr berührt, über Murry fällt, sieht so aus: »Meiner Meinung nach hat Murry auf irgendeine abstruse Art Katherine als Mensch und als Schriftstellerin korrumpiert und pervertiert und zerstört. Sie war eine ernsthafte Schriftstellerin, aber mit den Gaben einer empfindsamen Realistin, mit einem wundervollen Sinn für Ironie und tiefgreifenden Zynismus. Sie verstrickte sich in der klebrigen Sentimentalität Murrys und schrieb gegen ihre eigene Natur. Ganz tief in ihrem Inneren wusste sie das, vermute ich, und es machte sie wütend.«

Manchmal gelingt es Katherine, vor dem Egoismus ihres Mannes zu flüchten. Freunde laden sie ein, eine Kusine verschafft ihr heilsame Monate in Montone oder Geliebte bieten ihr Schutz und ein Arbeitszimmer an. Wir können davon ausgehen, dass es sich in der Erzählung *Feuille d'Album* um die Wohnung von Francis Carco handelt, die er Katherine für Monate überlässt, damit sie ungestört arbeiten kann.

Lesen wir statt ›er‹ ›sie‹ und statt ›Jan French‹ ›Katherine Mansfield‹, dann wissen wir, wie sie sich in Paris eingerichtet hat: »Er wohnte ganz oben in einem hohen, trübseligen Gebäude, das auf den Fluss blickte – eins jener Häuser, die in Regennächten und an mondhellen Abenden so romantisch aussehen, wenn die Läden und die schwere Haustür geschlossen sind und das Schild ›Kleines Zimmer sofort zu vermieten!‹ unsagbar traurig hervorschimmert –, eins jener Häuser, die das ganze Jahr hindurch so unromantisch riechen und wo die Concierge im Erdgeschoss in einem Glaskäfig wohnt und, in einen schmutzigen Schal gehüllt, etwas Undefinierbares in einem Kochtopf umrührt und den fetten, alten Hund, der sich auf einem Perlstickereikissen räkelt, löffelweise mit Leckerbissen füttert … Das Atelier hoch oben in Lüften hatte eine wunderbare Aussicht. Die beiden großen Fenster blickten aufs Wasser; er konnte die Boote und die Kähne sehen, die auf und ab schaukelten, und den Rand einer mit Blumen bepflanzten Insel, die einem runden Bukett glich. Das Seitenfenster blickte zu einem andern Haus hinüber, das noch armseliger und engbrüstiger war, und tief unten war ein Blumenmarkt. Man konnte die Dächer der riesigen Schirme sehen, unter denen die leuchtenden Blumen wie Rüschen hervorschimmerten, und Marktbuden unter gestreiftem Zeltstoff, wo Pflanzen in Kästen und Klumpen feucht glänzender Palmen in Terrakottagefäßen verkauft wurden. Alte Frauen huschten wie Krabben zwischen den Blumen hin und her. Er hatte es wirklich nicht nötig auszugehen. Wenn er so lange am Fenster gesessen hätte, bis ihm ein weißer Bart aus dem Fenster gewachsen wäre, hätte er immer noch etwas zum Zeichnen gefunden.

Wie die liebevollen Damen gestaunt hätten, wenn es ihnen gelungen wäre, die Tür aufzubrechen! Er hielt nämlich sein Atelier so ordentlich wie ein Schmuckkästchen. Alles war so angeordnet, dass es ein Muster bildete, ein kleines ›Stillleben‹ sozusagen: die Kochtöpfe mit den Deckeln an der Wand über dem Gasherd, auf dem Regal die Schüssel mit den Eiern, der Milchkrug und die Teekanne, und auf dem Tisch die Bücher und die Lampe mit dem gefältelten Papierschirm. Ein indischer Schal mit einer Kante ringsherum laufender roter Leoparden bedeckte tagsüber sein Bett, und auf der Wand neben dem Bett befand sich, wenn man lag, in Augenhöhe, ein kleiner, sauber mit Druckbuchstaben beschriebener Zettel: STEH SOFORT AUF!

Alle Tage glichen sich ziemlich genau. Solange das Licht günstig war, schuftete er an seiner Malerei, dann kochte er seine Mahlzeiten und räumte das Zimmer auf. Und abends ging er ins Café, oder er blieb zu Hause und las, oder er stellte die kniffligste Ausgabenliste zusammen mit der Überschrift: ›Womit ich auskommen sollte‹, und unten drunter die eidesstattliche Erklärung: ›Ich gelobe, diesen Betrag während des nächsten Monats nicht zu überschreiten. Gezeichnet, Jan French.‹«

Das Leben von Mansfield zehrt sich immer rascher auf. Die Tagebucheintragungen von 1922, ihres letzten Lebensjahres, zeugen von diesem Grauen. Am Ende hat Katherine den verrückten Wunsch, sich in dem Institut des Russen Gurdjieff in Avon bei Fontainebleau heilen zu lassen. Schwere körperliche Arbeit und ein eiskaltes Zimmer gehören zur Therapie. Katherines Sehnsucht nach einem unkomplizierten Leben, ohne die Mühen der Schriftstellerei, ohne Zerwürfnisse mit Menschen, glaubt sie hier erfüllt zu sehen. Sie schreibt am 14. Oktober 1922 in ihr Tagebuch: »Unter Gesundheit verstehe ich die Kraft, ein volles, erwachsenes, lebendiges, atmendes Leben zu leben in enger Berührung mit allem, was wir meinen, wenn wir von der äußeren Welt sprechen. Ich möchte in sie eingehen, Teil von ihr sein, in ihr leben, von ihr lernen, alles hinter mir lassen, was angenommen und oberflächlich ist an mir, und ein bewusstes, unmittelbares menschliches Wesen werden. Ich möchte andere verstehen lernen, indem ich mich selber verstehe. Ich möchte alles sein, dessen ich fähig bin, sodass ich (und hier habe ich angehalten und gewartet und gewartet, aber umsonst – es gibt nur einen Ausdruck dafür) *ein Kind der Sonne werde.* Davon zu reden, anderen helfen zu wollen, ein Licht voranzutragen und so weiter, darüber auch nur ein Wort zu verlieren, wäre falsch. Möge das genügen: *ein Sonnenkind.* Und dann möchte ich *arbeiten.* Woran? Ich möchte so leben, dass ich sowohl mit den Händen als auch mit dem Gefühl und dem Verstand arbeite. Ich möchte einen Garten, ein kleines Haus, eine Wiese, Tiere, Bücher, Bilder, Musik. Und aus alldem heraus, als Ausdruck davon, möchte ich schreiben.«

Die letzten Wochen vor ihrem Tod verbringt sie auf einer Empore in einem Kuhstall, die Gurdjieff mit Teppichen und einer Liege ausgestattet hat. Dungschwaden sollen ihre Lunge stabilisieren. Was für ein Stoff für eine Story von Katherine Mansfield! Aber sie schreibt nicht mehr.

Ein legendäres Arbeitszimmer

Gertrude Stein
(1874–1946)

Kein Arbeitszimmer einer Künstlerin des 20. Jahrhunderts ist so berühmt geworden wie ihres: oft beschrieben und noch häufiger fotografiert. Seit 1903 wohnt Gertrude Stein in der Rue de Fleurus Nr. 27, die ersten zehn Jahre zusammen mit ihrem Bruder Leo. Von ihrem Bruder Michael, der die Firma des Vaters weiterführt, erhalten Leo und sie, bis zum Ende ihres Lebens, eine jährliche Dividende von 8000 Dollar. Dieses Einkommen verwenden die Geschwister darauf, eine unvergleichliche Sammlung moderner Gemälde anzulegen.

Über den neuen Lebensabschnitt in Paris, den Gertrude als Frau auf der Schwelle zum 30. Lebensjahr beginnt, schreibt sie in *The Making of Americans:* »Es kommt oft vor, dass im neunundzwanzigsten Lebensjahr all die Kräfte, die in den Jahren der Kindheit und Jugend in wirren und wilden Kämpfen miteinander lagen, sich in ordentlichen Reihen aufstellen … unser Leben, das ganz Aufruhr und Verwirrung war, verengt sich zu Form und Zweck und wir tauschen eine großartige vage Möglichkeit gegen eine kleine harte Wirklichkeit … und es ist nicht bevor wir die Dreißig erreichen, dass wir endlich jene Berufung finden, für die wir uns

geeignet fühlen und der wir freiwillig kontinuierliche Anstrengung widmen.«

›Die kleine harte Wirklichkeit‹ in Paris beinhaltet alle Annehmlichkeiten eines Lebens im Wohlstand: gesellschaftliche Respektabilität, vielerlei Beziehungen zu einflussreichen Personen und eine Wohnung in der begehrtesten Lage der Stadt, natürlich mit Personal. Gertrude Stein stammt aus einer »hochachtbaren bürgerlichen Familie.« Die jüdischen Großeltern haben 1841 Bayern verlassen, um in Kalifornien politische Freiheit und wirtschaftliche Eigenständigkeit zu erringen, die ihnen in der Heimat verwehrt blieben. Von dem Erfolg ihrer Vorfahren, die in Amerika zu Ansehen und Geld gekommen waren, leben die drei Geschwister Michael, Leo und Gertrude nun in Paris.

Die Wohnung in der Rue de Fleurus mieten die Steins zusammen mit einem Atelier. Hier führt Gertrude einen Salon, der schnell legendär wird. Bildende Künstler wie Pablo Picasso und Henri Matisse, Henri Rousseau und Georges Braque, Max Jakob und Juan Gris, Fotografen wie Man Ray und Alfred Stieglitz verkehren bei ihr, Schriftsteller wie Guillaume Apollinaire und Ezra Pound, Ernest Hemingway und Sherwood Anderson, F. Scott Fitzgerald und Jean Cocteau. Amerikanische Künstler, die auf sich halten, machen ihr ihre Aufwartung, wenn sie Paris besuchen – um, wie William Carlos Williams es mit Bewunderung beschreibt, »vor jener erstaunlichen Wand voller Picassos Platz zu nehmen.« An dieser Wand hängen die Bilder »in drei Reihen« übereinander, Gemälde nicht nur von Picasso, sondern auch von Matisse, Cézanne, Manet, Renoir, Daumier, Valloton und vielen anderen – ein Museum der modernen Malerei. Die »beste Bildergalerie Europas«, wie Ernest Hemingway bemerkt. In der fiktiven *Autobiographie von Alice B. Toklas,* ihrer Lebensgefährtin seit 1907, hat Gertrude Stein ihr Arbeitszimmer selbst beschrieben – aus der fingierten Sicht ihrer Freundin.

Jeder Gast, ob neugierig oder unwissend, auf Empfehlung oder mit der Absicht, von der Mäzenin gefördert zu werden, muss angemeldet sein, wenn er Gertrude Stein oder ihre Kunstsammlung bewundern will. Wenn er dann das Haus in unmittelbarer Nähe des Jardin de Luxembourg aufsucht – Marcel Proust hat diesen bezaubernden Stadtpark immer wieder beschrieben –, steht er in einem Innenhof vor einem eingeschossigen Pavillon. Dort klingelt er. Sofort wird ihm Einlass gewährt und er peinlich nach seiner Empfehlung gefragt. Verhält er sich nach den Vorstellungen der eigenwilligen Gastgeberin, darf er den »winzigen Vorraum« betreten, wird durch »das kleine Esszimmer« geleitet, auf dessen Türen Zeichnungen von Matisse und Picasso geheftet sind. Über den Innenhof – bei Regen verderben sich die Herren ihre Jacketts, die Damen das Abendkleid – geht es in »Miss Steins Atelier«.

In der *Autobiographie von Alice B. Toklas* heißt es dazu weiter: »Wir gingen also ins Atelier, das mit einem Yale-Schlüssel aufgemacht wurde, dem einzigen Yale-Schloss im ganzen Viertel damals, und es war nicht so sehr wegen der Sicherheit, denn die Bilder hatten damals keinen Wert, sondern weil der Schlüssel im Gegensatz zu den französischen Schlüsseln klein war und in die Geldtasche passte. Längs der Wände standen mehrere italienische Renaissance-Möbel und in der Mitte des Zimmers ein großer Renaissance-Tisch, darauf ein reizendes Tintenfass, und auf dem einen Ende hübsch angeordnet mehrere Hefte von der Sorte, wie sie die französischen Kinder benutzen mit Bildern von Erdbeben und Entdeckungsreisen auf dem Deckel außen.«

Am großen Tisch, mit Blick auf Cézannes Porträt seiner Frau Hortense, pflegt Gertrude Stein nach dem Abendessen, gegen 23 Uhr, wenn sie sich sicher ist, dass keiner mehr an ihre Tür klopfen wird, die ganze Nacht bis in die frühen Morgenstunden hinein zu schreiben.

An allen Wänden, die weiß getüncht sind, hängen bis dicht unter die Decke erstaunliche Bilder, die mit den Sehgewohnheiten des Betrachters radikal brechen. »Die Bilder waren so seltsam, dass man ganz unwillkürlich zuerst lieber alles mögliche andere anschaute als ausgerechnet die Bilder«, so Stein. Nicht nur Besucher, die mit bildender Kunst sonst keine Berührung haben, sondern auch Malerkollegen sind bei dem Anblick der Bilder erst einmal verwirrt. Manche glauben, sie seien nicht fertiggestellt, weil ihre Malgründe so viele weiße Stellen aufweisen. Der alte Hausfreund Alfy Maurer muss dann den Zweiflern erklären: »Natürlich sieht man, dass das Bild fertig ist … Man sieht es daran, dass es eingerahmt ist, denn kein Mensch würde auf die Idee kommen und eine Leinwand einrahmen, wenn das Bild noch nicht fertig ist.«

Bis Ende 1913 werden die Gemälde von Gasarmaturen beleuchtet. Als 1914 endlich elektrisches Licht in Haus und Atelier gelegt wird, ist Gertrude Stein erleichtert. In den ersten Pariser Jahren wächst die Gemäldesammlung der Geschwister Stein rasant an. Da Gertrude die Wahl ihres Bruders beim Ankauf eines Bildes selten zusagt, und umgekehrt, werden immer zwei neue Bilder gleichzeitig angeschafft, um Geschmack und Vorliebe eines jeden zu befriedigen. Das heißt, dass die Bilder im Atelier ständig umgehängt werden müssen, um den neuen Platz zu verschaffen. Wie in einem bewegten Museum werden dem Betrachter dadurch ständig neue Eindrücke vermittelt: Bilder gruppieren sich durch Stile, Motive und Gegensätzlichkeiten.

Inmitten dieser Galerie sucht Gertrude Stein Nacht für Nacht die Inspiration und die Konzentration für ihre schriftstellerische Arbeit. An dem großflächigen Renaissance-Tisch beginnt sie, mit Blick auf die größten Kunstwerke der Moderne, sich selbst als Schriftstellerin zu entdecken.

Nachdem Gertrudes Lebensgefährtin in die Rue de Fleurus eingezogen ist, gibt es zwischen den Geschwistern häufig Auseinandersetzungen. Leo teilt weder die Einschätzung seiner Schwester, was die Qualität ihrer schriftstellerischen Arbeiten betrifft – er hält sie für minderwertig –, noch begrüßt er ihre für jeden erkennbare lesbische Beziehung. Als Leo Stein 1913 die gemeinsame Wohnung verlässt, werden Hausrat und Kunstsammlung aufgeteilt. Leo erhält sämtliche Renoirs und das *Stillleben mit Äpfeln* von Cézanne, Gertrude sämtliche Picassos. Um sie über den Verlust der Äpfel hinwegzutrösten, die sie besonders liebt, beschenkt sie Picasso mit einem eigenen Apfelbild, das er ihr und Alice Weihnachten 1914 überreicht. Leo zieht in die Nähe von Florenz und macht in späteren Jahren einige Versuche, sich der erfolgreichen Schwester wieder anzunähern, aber vergebens. Von ihrem Tod 1946 erfährt er aus der Zeitung.

Gertrude Stein zeigt sich nach einem ernsthaften

Streit, nicht nur bei ihrem Bruder, unversöhnlich. Ihre Rache an Abtrünnigen ist fast so berühmt wie ihr Salon.

Eine Kostprobe dieses zweifelhaften Charakterzuges bekommt auch der amerikanische Schriftsteller William Carlos Williams zu spüren, als er 1910 – es soll der krönende Abschluss seiner Europareise werden – eine Einladung zum Tee in die Rue de Fleurus 27 erhält. Nach dem Tee »trat Miss Stein an das Schränkchen, öffnete es und nahm eins ihrer Manuskripte nach dem anderen heraus, nannte uns die Titel und äußerte die Hoffnung, dies alles eines Tages gedruckt zu sehen … irgendwann fragte sie mich, was ich tun würde, wenn diese unveröffentlichten Bücher meine wären und ich vor den Schwierigkeiten stünde, mit denen sie konfrontiert sei.«

Williams, der wie Pound und andere seiner Freunde, Steins Werk nicht sehr schätzt, antwortet ehrlich und ungeschickt: »Wenn das meine wären, würde ich bei dieser Menge vermutlich die Sachen heraussuchen, die ich für die besten hielte, und den Rest ins Feuer werfen.« Darauf folgt schockiertes Schweigen unter den Besuchern, dann Steins Konter: »Zweifellos. Aber das Schreiben ist ja auch nicht Ihr Metier.«

Zweifellos ist das Schreiben Gertrude Steins Metier. Sie verfasst im Laufe ihres Lebens ein monumentales Werk von etwa 600 Titeln. Aber es gelingt ihr kaum, etwas zu veröffentlichen, es sei denn im Selbstverlag. Ihre sprachrhythmische Begabung setzt sie hauptsächlich für ständige Wortwiederholungen ein, die dem Leser einiges abverlangen. »A rose is a rose is a rose is a rose« ist ihre bekannteste Gedichtzeile, darüber hinaus weiß kaum ein Leser eine andere aus ihrem Werk. Erst 1933 hat Stein einen wirklichen Erfolg: Die *Autobiographie von Alice B. Toklas* wird über Nacht das meistgelesene Buch in Paris. Zu diesem Zeitpunkt ist die Schriftstellerin bereits 59 Jahre alt.

Ansprechend für ein großes Publikum ist das Buch nur dadurch, dass Stein den ermüdenden Stil der Wortwiederholung aufgibt und ihre andere Begabung, die des Erzählens von Anekdoten, zutage tritt. Cesare Pavese schreibt begeistert: »Die Autobiografie enthält eine Sammlung von Anekdoten, die so unwahrscheinlich sind, dass sie zweifellos wahr sein müssen, und eine Reihe von Milieuschilderungen, die so wahrscheinlich sind, dass sie wie erfunden wirken ... « Fast glaubt man bei der Lektüre, man säße wie ein unsichtbarer Gast inmitten all der Berühmtheiten, die Gertrude Stein jeden Samstagabend in ihrem Salon um sich schart. Mit großem Interesse nimmt man an dem Salonleben teil, von dem man in Wirklichkeit ausgeschlossen ist.

Die Autobiografie bleibt Steins einziger großer Erfolg. Doch ihren Anspruch, eine hervorragende Schriftstellerin zu sein, von der es sich lohnt, alles zu veröffentlichen, gibt sie nicht auf. Ihr Glaube an sich selbst ist unerschütterlich, Kritik prallt an ihr ab, Selbstzweifel kennt sie nicht, Absagen von Verlegern bekümmern sie wenig: »Ich bin ein Genie.« Wenn diese Frau etwas will, setzt sie die Menschen so lange unter Druck, bis ihr Wunsch erfüllt wird. Nur die Verlagswelt scheint ihr nicht zu Willen zu sein. Der berühmt gewordene Absagebrief des Verlegers A. C. Fields von 1912 verrät viel von dem Wechselspiel zwischen der hartnäckigen Autorin und einem strapazierten Verleger:

»Sehr verehrte gnädige Frau,

ich bin nur einer, nur einer, nur einer. Nur ein Mensch,

einer zur Zeit. Nicht zwei, nicht drei, nur einer. Nur ein Leben zu leben, nur sechzig Minuten pro Stunde. Nur ein Paar Augen. Nur ein Hirn. Nur ein Mensch. Da ich nur einer bin, nur ein Paar Augen habe, nur eine Zeit habe, nur ein Leben habe, kann ich Ihr Manuskript nicht drei- oder viermal lesen. Nicht einmal einmal. Nur ein Blick, nur ein Blick genügt. Kaum ein Exemplar ließe sich hier verkaufen. Kaum eins. Kaum eins.«

Hier wird Steins Stil parodiert, sie selbst ein wenig lächerlich gemacht. Auch damit kann sie leben. Auch das hält sie nicht vom Schreiben ab. Mit einer robusten Gesundheit ausgestattet, einem festen Tagesablauf folgend, schreibt sie fast jede Nacht. Sie benutzt Federhalter, Tinte und schreibt in großer, schwungvoller Schrift in die linierten Schulhefte. Sie schreibt in englischer Sprache und äußert sich darüber in der fiktiven Autobiografie: »Was mir all die Jahre so gut gefallen hat, war gerade, dass ich von Leuten umgeben war, die kein Englisch können. Ich war dadurch mit meinem Englisch und meinen Augen viel intensiver allein. Ich weiß nicht, wie es sonst hätte möglich sein können, dass Englisch mir so eins und alles wurde. Und keiner von allen konnte ein Wort von dem lesen, was ich geschrieben hatte, die meisten wussten nicht einmal, dass ich überhaupt schrieb.«

Tatsächlich wird Gertrude Stein nur von wenigen ihrer Besucher, Bekannten und Freunde als Schriftstellerin wahrgenommen. Die Einzige, die weiß, wie unermüdlich Stein am Schreibtisch arbeitet, ist Alice B. Toklas. Sie ist es, die die handschriftlichen Eintragungen druckreif in die Maschine tippt; sie berät ihre Freundin, lektoriert ihre Texte und korrigiert die

Druckfahnen. Einige Stein-Forscher gehen davon aus, dass es sogar eine Zusammenarbeit der beiden Frauen bei gewissen Passagen gegeben hat.

Die Aufgaben von Toklas sind fest umrissen, sie ist Sekretärin, Lektorin, Köchin in Zeiten ohne Personal und Empfangsdame, um die sich am *jour fixe* im Salon alle Frauen gruppieren, während Stein den Herren ›vorsitzt‹. Dann ist Alice Geliebte, eifersüchtige Bewacherin Gertrudes bei manchen Liebeleien, Leibwächterin vor zudringlichen Gästen und Muse. Ihr knapper, sarkastischer Witz und ihre geistige Brillanz inspirieren Gertrude Stein bis an ihr Lebensende.

Über die Beziehung der beiden Frauen entzweien sich die Geister. Einige äußern sich sehr kritisch, wie Natalie Clifford Barney. Sie glaubt, Toklas an Steins Seite verkümmern zu sehen: »Ich fürchte, die ›größere‹, die fetter und immer fetter wird, wird sie früher oder später auffressen.« Bei diesem Ausspruch hat man sofort die Fotos vor Augen, auf denen Gertrude wie ein römischer Kaiser posiert, während Toklas immer mehr ›im Abseits‹ steht und griesgrämiger dreinschaut.

Der junge Hemingway, der den wesentlichen Anstoß, seine journalistische Arbeit zugunsten der schriftstellerischen aufzugeben, von Gertrude Stein erhält, fühlt sich durch ihre Erscheinung an eine »italienische Bäuerin« erinnert. Ihre Kleidung wirkt auf ihn wie das »Armendeck eines Einwandererschiffs.« Der Hotelbesitzer in Belley, bei dem das Paar nach dem Ersten Weltkrieg seine Sommerresidenz aufschlägt, hält Stein für eine »Zigeunerin«, Toklas für »ihr Dienstmädchen.«

Tatsächlich machen alle Fotos, auf denen dieses ungewöhnliche Paar zu sehen ist, einen seltsamen Eindruck: in Front die massige Gestalt des »Generals«, wie Hemingway Stein eine Zeit lang bezeichnete; einen Schritt hinter ihr, schmal, verhärmt und mit hochgezogenen Schultern, Alice.

Vielen Zeitgenossen und späteren Betrachtern missfällt diese Beziehung; die Ungleichheit, die sie prägt, empfinden sie als Wiederholung des Eheklischees, als Überzeichnung einer nicht erfreulichen Partnerschaft zwischen Mann und Frau, in der Stein, der Mann, profitiert, während Toklas die undankbare Rolle der Ehefrau übernehmen muss.

»Ich möchte Geschichte machen.« Dieser Satz klingt wie ein Motto, nach dem Gertrude Stein lebt. Sie tut alles, was in ihrer Macht steht, um diesen Wunsch zu verwirklichen. Und sie verwirklicht ihn als geachtete Weltbürgerin in Paris.

Gertrude wird 1874 als letztes von fünf Kindern in einem Vorort in Pittsburgh geboren. 1875 zieht die Familie aus geschäftlichen Gründen nach Wien, 1878 nimmt eine Tante die Kinder mit nach Paris, 1880 kehrt die Familie in die USA zurück, es gibt mehrere Umzüge in verschiedene Bundesstaaten. Als junge Frau bereist Stein Antwerpen, Florenz, Paris, Tanger, Granada und andere Städte. »Amerika ist mein Land und Paris meine Heimatstadt«, äußert sie als ältere Frau, die vornehmlich in Paris lebt und in England und den USA veröffentlicht.

Als Gertrude Stein 1903 ihre Heimat endgültig verlässt, nur noch als Besucherin und Vortragsreisende in die USA zurückkehrt, bringt sie für ihr Leben in Paris das Konzept mit, etwas zu schaffen, das einzigartig ist: das Gertrude-Stein-Gesamtkunstwerk.

Wie es ihr als unermüdlicher Autorin wichtig ist, gelesen zu werden, so ist es ihr noch wichtiger, gesehen zu werden. Dafür bildet der Salon ihres Bruders, in dem sie schnell die größere Rolle spielt, den idealen Rahmen: Hier thront sie wie ein römischer Kaiser, in wallenden Gewändern – das Korsett hat Stein schon 1905 für immer abgeworfen. Mit wachem Auge sitzt sie inmitten ihrer Schätze, sieht und wird gesehen von jungen Malern, Bildhauern, berühmten Zeitgenossen, bekannten Dichtern, großen und kleinen Fotografen. Maler malen sie, Bildhauer schaffen Skulpturen von ihr, Einflussreiche verschaffen ihr Privilegien, Dichter schreiben über sie, Fotografen lichten sie ab. »Das Ergebnis ist eine Fotofülle, die, vornehmlich im Gertrude Stein-Archiv an der Yale University gesammelt, an einem vollen Tag kaum zu bewältigen ist«, so schreibt Renate Stendhal im Vorwort ihres Bildbands.

Abgebildet zu werden ist für Gertrude Stein nicht nur aus narzistischen Gründen wichtig. Das Abbild, obwohl von fremder Hand hergestellt, ist für sie wie ein Teil ihres eigenen Werks, das der Betrachter ohne Vorkenntnis aufnehmen kann im Gegensatz zu ihrem schriftstellerischen. Bis ins hohe Alter hinein lenkt sie den Blick des Fotografen so geschickt, dass sich auf allen Fotos der Nachwelt das Gesamtkunstwerk ›Gertrude Stein‹ mit einen Blick erschließt.

Die fotografischen Porträts prägen unser Bild von ihr, nicht ihr Wort. Dabei ist die Person nie ohne das Zimmer zu denken; beides scheint eins. Das Zimmer ist der Ort ihres sichtbaren Werks, an dem alles zum Kunstwerk wird.

»Habe aufgehört zu schreiben, habe aufgehört zu sein«

Marina Zwetajewa (1892–1941)

Der letzte Ort, an dem Marina Zwetajewa strandet, ist die Provinzhauptstadt Jelabuga in der Tatarischen Sowjetrepublik. Die Stadt hungert bereits, überschwemmt von Flüchtlingen wie ihr, die vor der Invasion der deutschen Truppen evakuiert werden. 13 Tage hält es Zwetajewa noch im Leben: Sie raucht viel und hört sich stumm die Vorwürfe ihres 16-jährigen Sohnes an, der nicht versteht, warum seine Mutter ihn von Moskau an einen solchen Ort gebracht hat. Die erste Nacht verbringt man mit anderen Evakuierten in der Bibliothek des Technikums, dann geht es in ein Wohnheim, schließlich wird Mutter und Sohn ein gemeinsames Zimmer zugeteilt: eine kleine Stube hinter einem Vorhang, der als Trennwand zu einem Vorraum dient.

Am 31. August 1941, während ihre Wirtsleute und ihr Sohn an einer Arbeitsmaßnahme teilnehmen, befestigt Zwetajewa den Koffergurt, den Boris Pasternak ihr zum Abschied geschenkt hat, an dem Deckenhaken im Vorraum, bindet eine Schlinge und legt sie um ihren Hals. Sogar für diese letzte Verrichtung hat sie keinen Platz gefunden, der ihr sicher wäre.

Niemand in Jelabuga weiß, wer sie ist, außer dem Geheimdienst, der ihr noch einen Tag zuvor *den* verhängnisvollen Besuch abstattet. Man nimmt heute an, nach Einsicht neuer Dokumente, dass der NKWD – Stalins Geheimdienst – sie zur Mitarbeit aufgefordert, möglicherweise sogar erpresst hat, da Mann und Tochter inhaftiert waren.

Niemand begleitet ihren Sarg, nicht einmal ihr Sohn. Deshalb kennt keiner den genauen Ort ihrer letzten Ruhestätte. Ihre Schwester hat 20 Jahre später ein Kreuz errichten lassen mit der Aufschrift: »Auf dieser Seite des Friedhofs ruht Marina Iwanowa Zwetajewa.«

»Der ist mein Gott, … / Der mir *das* eine gibt: / Stille der vier Wände«, schreibt Zwetajewa im Exil in Paris 1926. Dieser bescheidene Wunsch, der vielen heute selbstverständlich erscheint, wurde der Schriftstellerin in ihrem Leben nicht gewährt. Die grässliche Weltlage, die Zeitumstände in Russland: die Revolution 1917, der Erste Weltkrieg, der sich anschließende Bürgerkrieg und der Zweite Weltkrieg, der 1941 die deutschen Truppen bis vor Moskau bringt, verheeren das Land, kosten Millionen Menschen das Leben, auch Marina Zwetajewa, ihren Mann, ihren Sohn und ihre jüngste Tochter.

Ihre *Dachbodennotizen* von 1919 – 1920 sind ein erschütterndes Zeugnis der Situation, in der sie sich in Moskau mit ihren zwei kleinen Töchtern befindet. Ihr Mann ist verschollen, jeden Abend hofft sie vergeblich auf sein Klopfen an der Tür. Hunger und Kälte bestimmen ihren Tagesablauf. Sie versorgt die Familie mit geliehenen Lebensmitteln, die fast nur aus Kohl und Kartoffeln bestehen, zersägt Möbel und Treppengeländer, um Holz zum Heizen zu haben. »Glücklich über die kleine Lampe ganz nah am Kopfkissen, über die Stille, das Heft, die Zigarette, manchmal – das Brot.« Es ist erschreckend wenig, was die Schriftstellerin Zwetajewa benötigt, und erschütternd viel, was ihr das Leben verweigert.

Hier auf dem Dachboden schreibt eine Schriftstellerin gegen die Widerwärtigkeiten des Alltags an, die in Moskau in einem weitläufigen Holzhaus mit Seitenflügel aufgewachsen ist, das einer Familie mit Hauslehrern, französischen Gouvernanten, deutschen Fräuleins und Dienstpersonal Platz bot. Ein Haus so groß, dass der Vater ein Arbeitskabinett besaß, Marina und ihre Geschwister ein gemütliches Kinderappartement im Oberstock bewohnten und es einen Saal allein für den Flügel gab. Sie, die nur von Luxus umgeben war, wohnt jetzt in einer armseligen Dachstube in einem langsam verfallenden Haus. Sie, die daran gewöhnt war, dass alle Hausarbeit von anderen Händen verrichtet wurde, muss jetzt putzen, kochen und den Ofen befeuern. Ihre Kurzsichtigkeit macht ihr bei diesen Verrichtungen sehr zu schaffen.

»Ich lebe mit Alja und Irina (Alja ist sechs, Irina zwei Jahre und sieben Monate alt) in der Boris-und-Gleb-Gasse, gegenüber von zwei Bäumen, im Dachzimmer, ehemals das von Serjoscha. Mehl haben wir keins, Brot haben wir keins. Die circa zwölf Pfund Kartoffeln unter dem Schreibtisch, der Rest von einem Pud, das uns die Nachbarn ›liehen‹, sind unser ganzer Vorrat!« In ihrer Not vertraut Marina dem Anarchisten Charles eine alte goldene Uhr an, die er verspricht, zu Geld zu machen, ebenso eine Kinderwaage und andere Wertgegenstände. Aber der Mann überhäuft sie mit Lügen und lässt sie leer ausgehen. Verzweifelt stellt Marina fest: »... weder Uhr noch Geld. (Jetzt ist so eine Uhr zwölftausend wert, das heißt 1 ½ Pud Mehl.)«

Nicht einmal Essensmarken erhält die Unbeugsame: »Ich lebe von den kostenlosen Mittagessen (für die Kinder). Die Frau des Schusters Granskij – mager, dunkeläugig, mit einem schönen Leidensgesicht – Mutter von fünf Kindern – schickte mir vor Kurzem durch ihre älteste Tochter Essensmarken (eine ihrer Töchter war in die Ferien-Kolonie gefahren) und ein süßes ›Hefebällchen‹ für Alja.« Eine andere Nachbarin lässt den Mädchen von Zeit zu Zeit Suppe zukommen und leiht Marina Geld, obwohl sie selbst drei Kinder hat. Weiter helfen ihr eine Schauspielerin, weil sie Marinas Gedichte liebt, und deren Mann. Sie bringt Kartoffeln, er bricht die Balken aus dem Dachboden und sägt sie klein, um die unerträgliche Kälte in ihrer Kammer zu lindern. Ein Dichterfreund würde gerne helfen, ist aber selbst bettelarm. Wenn Marina bei ihm vorbeikommt, bewirtet er sie. Seine Worte aber sind für Marina Zwetajewa das Wichtigste. »Die Menschen wissen gar nicht, wie unermesslich ich – Worte schätze! (Mehr als Geld, denn da kann ich mit gleicher Münze zurückzahlen!)«

In den *Dachbodennotizen* beschreibt sie ihren Tagesablauf so: »Ich stehe auf – im oberen Fenster graut es gerade erst – Kälte – Pfützen – Staub vom Sägen – Eimer – Krüge – Lappen – überall Kinderkleider und -hemdchen. Ich säge. Heize. Wasche in eiskaltem Wasser Kartoffeln, die ich dann im Samowar koche. (Lange Zeit kochte ich Grützsuppe in ihm, aber einmal verschmutzte ich ihn so sehr mit Hirse, dass ich danach monatelang den Deckel abnehmen und das Wasser von oben her mit dem Löffel abschöpfen musste. Es ist ein alter Samowar, sein Kran ist gewunden, er lässt sich nicht herausschrauben, weder Haarnadeln noch Nägeln ergab er sich. Schließlich hat es jemand – irgendwie – herausgeblasen.) Den Samowar setze ich mit heißen Kohlen auf, die ich gleich aus dem Ofen lese. Ich gehe und schlafe in ein und demselben braunen, einmal unsinnig eingelaufenen Kleid aus Barchent, nach Augenmaß genäht im Frühjahr 1917 in Alexandrow. Es ist ganz versengt von Kohlen und Zigaretten. Die Ärmel, früher einmal mit Gummizug, sind zu Röhren zusammengedreht und mit Nadeln festgesteckt.«

Ein Freund, dem sie zufällig auf der Straße begegnet, erinnert sich an sie: »… barfuß, in einem zerlumpten Kleid, in dem sie wahrscheinlich auch schlief.«

Marina Zwetajewa hat weder Kalender noch Uhr, sie kennt das genaue Datum nicht, nicht die Stunde. Alle Wertgegenstände hat sie versetzen müssen oder sie sind ihr gestohlen worden. Ein Dieb, der sie einmal in ihrer Kammer überrascht, ist so schockiert über die ärmlichen Verhältnisse, in denen er Mutter und Töchter vorfindet, dass er Marina Geld anbietet.

Umständlich muss sie das Wasser in Blechbüchsen von einer Nachbarin holen, ebenso wie das Mittagessen aus dem Kindergarten. Ihre tägliche Marschroute führt sie »in den Kindergarten (Moltschanowka 34), das Geschirr hinbringen, – über die Starokonjuschennvj in die Pretschistenka …, von dort in die Prager Speisehalle (auf die Marken von den Schusterleuten), aus der Prager (der sowjetischen) in die ehemalige Generalowa – geben sie vielleicht Brot aus? –, von dort wieder in den Kindergarten, das Mittagessen abholen – von dort – durch den Hintereingang, behängt mit Krügen, Einsatzschüsseln und Blechbüchsen – keinen Finger frei! und noch dazu die Angst: die Tasche mit den Essensmarken ist doch nicht etwa aus dem Korb herausgefallen?! – durch den Hintereingang nach Hause.«

Dort geht die Schinderei weiter: »Sofort an den Ofen. Die Kohlen glimmen noch. Ich fache sie an. Wärme das Essen wieder auf. Alle Mittagessen – in einer Kasserolle: eine Suppe so ähnlich wie Kascha. Wir essen. (War Alja mit mir fort, binde ich als Erstes Irina vom Stuhl los. Ich begann sie anzubinden, seit sie einmal in Abwesenheit von Alja und mir einen halben Kopf rohen Kohl aus dem Schrank aufgegessen hatte.) Ich füttere Irina und lege sie schlafen. Sie schläft in dem blauen Sessel. Es gibt auch ein Bett, aber das geht nicht durch die Tür. – Ich koche Kaffee. Trinke. Rauche. Schreibe. Alja schreibt mir einen Brief oder liest. Etwa zwei Stunden Stille.«

Wenn um 22 Uhr die Kinder endlich im Bett liegen, beginnt für Zwetajewa der Teil des Tages, auf den sie hingelebt hat: die Zeit des Lesens und Schreibens. Dann vergisst sie Kälte, Hunger, Angst und Schmerzen. Denn lange Zeit bringt sie die Kraft auf – gleichgültig, an welchem Ort sie sich befindet –, das Allerwichtigste für sich zu retten: »die Fröhlichkeit, die Gedankenschärfe, die Ausbrüche von Freude beim geringsten Gelingen, die leidenschaftliche Gespanntheit der ganzen Existenz – alle Wände sind vollgekritzelt mit Gedichtzeilen und NB! fürs Notizbuch«.

Marina Zwetajewa ist 1892 in Moskau geboren. Ihre Mutter war Pianistin, Schülerin des Komponisten und

Dirigenten Anton Grigorjewitsch Rubinstein, und ihr Vater Professor für Kunstgeschichte, der 1912 das Museum der Schönen Künste in Moskau eröffnete.

Marina lernt neben der Muttersprache von ihrem Kindermädchen die deutsche Sprache, schreibt schon mit sechs Jahren ihre ersten Gedichte – zweisprachig – und liest mit der Mutter zusammen die deutschen Romantiker. Sie ist sprachbegabt, wortgrüblerisch, eigensinnig, verschlossen, ungeheuer verletzbar und im Gegensatz zu ihrer jüngeren Schwester und den Halbgeschwistern dick. Sie fällt schon als Kind auf und sie fühlt, dass sie ›anders‹ ist. Eine frühe Fantasie lässt sie glauben, sie sei vom »Teufel adoptiert«, der nur darauf warte, sie mitzunehmen.

Die strenge, ja kühle Mutter, die sie in eine Pianistinnenlaufbahn drängen will, die ihr selbst durch die Ehe verwehrt geblieben ist, stirbt 1906 an Tuberkulose. Ihr Vater – »leidenschaftliche Arbeitsliebe, kein Karriere-Ehrgeiz, Schlichtheit, Weltfremdheit«, so Zwetajewa in einem Fragebogen von 1926 – lässt seinen Töchtern große Freiheiten in der Erziehung. »Diese geradezu anarchistische Unabhängigkeit von der Umwelt«, schreibt Klaus Wagenbach bewundernd, »bewahrte sich Marina Zwetajewa ihr Leben lang.« Sie wird ihr das Leben schwer machen, im eigenen Land wie im Exil.

1910 veröffentlicht Marina ihren ersten Gedichtband im Selbstverlag. *Abendalbum* bekommt drei ernsthafte und wohlwollende Rezensionen; es bringt der 18-jährigen Schülerin nicht nur ersten Ruhm ein, sondern eröffnet ihr eine völlig neue Welt. Sie verlässt die verhasste Schule ohne Abschluss und knüpft erste Kontakte zu anderen Autoren. Von ihrem Mentor Maximilian

Alexandrowitsch Woloschin, einem russischen Künstler und Publizisten, wird sie in die Künstlerkolonie auf der Krim eingeladen. Dort lernt sie den 17-jährigen Juden Sergej Efron kennen. Als läge im Schicksal ein geheimes Wissen um die Lebensspanne dieses Menschen, drängen sich 1912 in den Alltag der 20-Jährigen schon Ereignisse, die in anderen Lebensläufen erst sehr viel später eintreten. Ohne Zustimmung der Familie heiratet sie Sergej Efron, im selben Jahr noch erscheint die *Zauberlaterne*, und das bald vergötterte Töchterchen Ariadna wird geboren.

Zwetajewas dritter Versband *Aus zwei Büchern* erscheint 1913 und ihr großer Verszyklus *Die Freundin* von 1915 gibt Aufschluss über ihre leidenschaftliche Liebe zu der Schriftstellerin Sofija Parnok.

Typisch für Zwetajewas Kunst ist, dass sie einen Adressaten benötigt. Sie kann nicht ins Leere schreiben. Die Person oder die Sache, der sie sich verpflichtet, muss ihr vor Augen stehen, auch wenn sie in der Realität keine Berührung mit ihr hat. »Meine liebste Form des Umgangs ist eine Unterirdische: der Traum: träumen, und die zweitliebste – der Briefwechsel«, schreibt sie 1922 an den russischen Schriftsteller Boris Pasternak, der sich auf großartige Weise um Marina und später, nach ihrem Tod, um die verbannte Tochter kümmert. Er gibt dieser Familie das Beste, was er ihr geben kann: Anteilnahme, Briefe und Lebensmittelpakete.

Im Revolutionsjahr 1917 kommt die zweite Tochter Irina zur Welt, und Marinas Mann schließt sich als Offizier den Weißgardisten an. Fünf Jahre erhält Marina Zwetajewa keine Nachricht von ihm, Irina verhungert. In den *Dachbodennotizen* ahnen wir bereits, dass sie weder die Kraft noch die Mittel hat, dieses Kind durchzubringen. »Die Alltagssorgen sind etwas so Widerliches, dass es eine Sünde ist, sie Schultern aufzubürden, die sowieso schon von Flügeln belastet sind.« Als ›höhere Tochter‹ ist sie hoffnungslos unpraktisch. Mit ihrer »anarchistischen Unabhängigkeit« stößt sie den politisch Einflussreichen vor den Kopf, von denen sie abhängig ist. So werden ihr Lesungen, Veröffentlichungen und sogar die Lebensmittelzuteilungen verweigert.

Pasternak überbringt Zwetajewa 1921 ein erstes Lebenszeichen ihres Mannes aus Prag. Sofort bereitet sie alles für das Exil vor, um die Familie zusammenzuführen: Über Berlin geht es nach Prag und schließlich, ein paar Monate nach der Geburt des Sohnes Georgij, 1925, nach Paris. Das Exil wird 17 Jahre andauern: 17 Jahre in noch größerer Armut, Isoliertheit und Bedrängnis. Das Leben in den Pariser Vororten Vanves, Meudon, Clamart ist elend. »Mein Mann ist krank und kann nicht arbeiten. Meine Tochter verdient durch Mützenstricken 5 Francs pro Tag, das Geld muss für vier Personen reichen … Kein Leben – ein langsamer Hungertod.« Man isst nur noch Pferdefleisch von der billigsten Sorte und wohnt ebenso ärmlich wie vorher in Moskau. Der Freund Nikolai Jelenjew besucht die Familie im Sommer 1931: »Marinas Zimmer, an der Wand, Kopfende an Kopfende, zwei Betten. An den farblosen Wänden nicht ein Bild, nicht eine Fotografie. Ein unordentlicher Holztisch, herumstehendes Geschirr. Tabakrauch. Und darüber eine trübe elektrische Birne.«

1933 wird die Familie gepfändet, Zwetajewa kann kaum noch in Zeitschriften veröffentlichen, Buchpublikationen hat sie nicht mehr. Das Leben in Paris wird für die vier immer bedrängender: 1937 entschließt sich Ariadna 25-jährig zur Rückkehr nach Moskau, der Vater Sergej Efron folgt der Tochter fluchtartig, in einen undurchsichtigen Mordfall an einem ehemaligen NKWD-Offizier verwickelt.

Ausgezehrt, ohne Freunde, von anderen russischen Emigranten geschnitten, folgt Zwetajewa im Juni 1939 in die Remigration – nichts Gutes ahnend.

»Heimweh, jedes Mal
Entlarvte Illusion!
Mir ist es ganz egal
Wo ich allein bin.«

In Moskau erwartet sie wenig anderes als in Paris. Kaum ist die Familie vereint, wird erst die Tochter verhaftet, dann der Ehemann. Zwetajewa erhält von Ariadna im April 1941 noch einen Brief – ein Zeichen, dass das Kind am Leben ist. Von Sergej Efron erhält sie zu Lebzeiten keine Nachricht mehr.

Die Remigrantin wird als höchst suspekt, vielleicht auch als Verräterin empfunden. Ein Moskauer Bekannter erinnert sich, wie sie ihm ihr Leid klagte: »Hier bin ich fremder als dort. Den Mann haben sie mir weggenommen, die Tochter haben sie mir weggenommen, alle gehen mir aus dem Weg. Ich verstehe nichts von dem, was hier vorgeht, und mich versteht niemand. Als ich noch dort war, hatte ich wenigstens in meinen Träumen eine Heimat. Jetzt bin ich hierhergekommen, und man hat mir meinen Traum weggenommen.«

Man gibt ihr weder Arbeit noch Wohnung. In wechselnden, provisorischen Unterkünften hausend, nur das

Nötigste als Übersetzerin verdienend, schreibt sie im August 1940 an die Freundin Wera Merkurjewa: »Mit dem Wechsel der Orte verliere ich allmählich das Gefühl für die Wirklichkeit: *Ich* werde immer weniger und weniger ...« Die letzte Unterkunft in Moskau für Mutter und Sohn ist ein winziges Zimmer im fünften Stock eines Hochhauses, das nicht einmal fertig gebaut ist.

Um ihren geliebten Sohn vor dem Einfall der deutschen Truppen in Sicherheit zu bringen, bewirbt sich Zwetajewa um Evakuierung. Sie hofft, wie die meisten ihrer Künstlerkollegen, nach Tschistopol zu kommen, wird aus Schikane aber nach Jelabuga gebracht. Dort bemüht sie sich um Arbeit als Übersetzerin, dann als Tellerwäscherin. Beides vergebens. Ihr wird ein sicherer Arbeitsplatz in der Gemüse-Sowchose versprochen – eine Arbeit, der sie körperlich nicht mehr gewachsen ist und die sie und ihren Sohn kaum ernähren wird. Sie nimmt die Arbeit an; sie hat schon keinen eigenen Willen mehr. Mit letzter Kraft beendet sie ihr Leben.

Noch im selben Jahr wird ihr Mann in Butovo bei Moskau hingerichtet. Ihr Sohn stirbt mit nur 19 Jahren als Rotarmist. Einzig ihre geliebte Tochter Ariadna Efron überlebt in der Verbannung von 1939 bis 1947. Sie kehrt erst 1955 nach Moskau zurück und macht es sich zur Lebensaufgabe, das Zwetajewa-Archiv einzurichten.

»Für mich gibt es in der Gegenwart *keinen* Platz!« und »Zeit ist's, Zeit, dem Schöpfer / Hinzuwerfen den Pass«, schrieb Marina Zwetajewa 1939, als sie Paris verließ und in den sowjetischen Dampfer stieg. Ausweglos schien ihr die Lage. In ihrem Leben mangelte es an allem: an der Stille der vier Wände, an einer Wohnung, einem Haus, einer vertrauten Straße, an einer geliebten Stadt und an Anerkennung im eigenen Land. Sie trat keiner Partei bei, schloss sich keiner künstlerischen Gruppierung an, wollte ihr Werk in keine Strömung eingeordnet wissen. Von ihrem hohen moralischen und künstlerischen Anspruch wich sie um keinen Preis ab. Sie konnte und wollte nirgends dazugehören. »So bin ich denn – als *Ganzes* – schwer zu greifen und zu begreifen.« Ihr lyrischer Blick war ganz und gar ausgerichtet auf den Riss zwischen ihrem Ideal und der elenden Realität. 1941 hatte sie keine schöpferische Kraft mehr, diesen Riss zu ertragen.

Nach Marina Iwanowa Zwetajewas Tod vergingen 20 Jahre, bis sie als Lyrikerin, Erzählerin und Essayistin Anerkennung im eigenen Land erhielt: Am 25. Oktober 1962 fand im Moskauer Haus der Künste der erste halboffizielle Zwetajewa-Abend statt. Noch einmal 20 Jahre mussten vergehen, bis ihrem Werk im Westen wie im Osten die Aufmerksamkeit zukam, die es verdient: Endlich wurden die meisten ihrer Schriften verlegt.

Ihr Vaterhaus ist heute das Zwetajewa-Museum. Man kann ihr Kinderzimmer besichtigen; die Blümchentapeten sind nicht mehr die ursprünglichen, auch die vielen Verse und Notizen kommen nicht aus Marinas Hand. Aber sie erinnern an die Anfänge der bedeutendsten russischen Lyrikerin des 20. Jahrhunderts, die ihre Wände mit Gedichten und Einfällen übersäte, wie es ihr der Genius eingab.

Unabhängig davon, an welchem Ort sie sich befand, schrieb Marina Zwetajewa große Literatur. Sie schrieb auf die Stofftapete im Elternhaus, kritzelte ihre Verse auf den Verputz zwischen herausgerissenen Dachbalken, trug ihre Gedanken in ihr Notizbuch, das sie überall mit sich führte: in Moskau, Berlin, Prag und Paris. Ihrer schöpferischen Arbeit ging sie sowohl in Villen als auch in Abbruchhäusern nach, in der Enge des Familienlebens, in überfüllten Dampfern und in der Einsamkeit. Kein Raum war ihr zu unwirtlich, als dass er ihre Kreativität hätte brechen können. Als die Welt selbst aber unwirtlich geworden war, sich in einen Unort verwandelt hatte, sagte Zwetajewa: »Ich weigere mich zu leben / Im Tollhaus, unter Vieh.«

Und in ihr Heft notierte sie 1940: »Habe aufgehört zu schreiben – habe aufgehört zu *sein*.«

Schreiben in Bedrängnis

Rosa Luxemburg
(1871 – 1919)

Fast bewegungslos liegt das fünfjährige Kind, von der Familie liebevoll Rosa genannt, wegen eines Hüftleidens ein Jahr in einer Gipsschale und bringt sich auf eigene Faust Lesen und Schreiben bei. Durch das dünne Glas der Fenster dringen der Lärm aus dem Innenhof der Mietskaserne und das Zwitschern der Vögel; es lässt sich nicht ablenken. Sobald es das Kunststück beherrscht, die Buchstaben auf das Papier zu setzen, Sätze zu formen, schreibt es den Eltern und Geschwistern Briefe. Obwohl die Mutter umsorgend immer in seiner Nähe ist, scheint Rosa die mündliche Kommunikation nicht auszureichen, sie will schreiben und wünscht, dass man ihr schriftlich antwortet. Diese Haltung des Kindes ist später auch für die Erwachsene typisch. Für Rosa Luxemburg ist es lebensnotwendig, den Kontakt zur Außenwelt schreibend zu halten, gleichgültig, wo und in welcher Lage sie sich befindet.

Der letzte Text aus der Hand der Revolutionarin ist ein politischer Artikel. »Die Ordnung herrscht in Berlin« erscheint am 14. Januar 1919, einen Tag vor ihrer Ermordung, in der Zeitung *Die rote Fahne.* Gehetzt von politischen Gegnern, die öffentlich ihren Tod fordern,

krank durch Schlafmangel – sie muss jede Nacht ein anderes Quartier suchen, denn in ihrer Berliner Wohnung ist sie nicht mehr sicher –, schreibt Luxemburg einen Essay für das Zentralorgan der KPD, die sie zusammen mit Karl Liebknecht am 30. Dezember 1918 nur noch halbherzig gegründet hat. Der letzte Satz ihres bitter ironischen Artikels wird berühmt und vielerlei Auslegungen unterzogen: »›Ordnung herrscht in Berlin! Ihr stumpfen Schergen! Eure ›Ordnung‹ ist auf Sand gebaut. Die Revolution wird sich morgen schon ›rasselnd wieder in die Höh' richten‹ und zu eurem Schrecken mit Posaunenklang verkünden: Ich war, ich bin, ich werde sein!‹«

Von dem kranken, Briefe schreibenden Kind in Warschau bis hin zu der erschöpften, von Todesangst getrieben Agitatorin in Berlin, die ihre Artikel in Notunterkünften eilig hinkritzelt, reicht die Spanne ihres Lebens. Rosa Luxemburg wird nur 47 Jahre alt. In dieser Zeit schreibt sie Tausende von Briefen, verfasst wissenschaftliche Bücher, politische Artikel, übersetzt literarische Texte, bringt Essays über Literatur und Kunst zu Papier, legte Herbarien an, schreibt Aufsätze über Zoologie und Geografie. Ihre Interessen sind vielseitig, ihre Begabungen groß, ihre Arbeitsdisziplin ist eisern.

Sie ist eine hervorragende Schülerin in Warschau, eine außergewöhnlich gute Studentin in Zürich – 1897 promoviert sie –, und sie ist *die* Ausnahmeerscheinung in der Berliner SPD. Luxemburg ist ehrgeizig, was sie sich vornimmt, daran hält sie fest. Sie macht auf sich aufmerksam als Frau, als linke Sozialistin, die Forderungen stellt und die Partei der »Alten Herren« in der

SPD aufrüttelt. Gleichermaßen fällt sie auf durch das Wort und durch ihr Auftreten. Ihre Erscheinung ist außerordentlich gepflegt, die Kleidung bis zu den blank geputzten Schuhen anspruchsvoll, ihr dunkles und volles Haar hochgesteckt, um sie etwas größer zu machen. Zu Hause, bei öffentlichen Auftritten und später im Gefängnis bemüht sie sich um Haltung – äußere und innere –, was ihr fast immer gelingt. Sie ist mit vollem Bewusstsein eine Frau, emanzipiert und eigenständig; in ihrer Familie gilt sie als die Klügste. Sie flößt, auch wenn sie noch nichts gesagt hat, ihrem Gegenüber Respekt ein.

Unter Hochdruck arbeitet die junge Frau in Berlin an ihren politischen Schriften, die auf den Parteitagen sofort Gehör finden. Bald schon wird sie die Wortführerin der Linken in der SPD. Was sie schriftlich vorlegt, ist intelligent, sprachlich ausgefeilt – von einer gebürtigen Polin erwarten die Genossen das nicht –, sie verblüfft durch einen reichen Wortschatz, durch Anspielungen aus der Bibel und der Weltliteratur. Keiner der Politiker, mit denen sie Umgang hat, ist in so vielen Sprachen zu Hause wie sie, besitzt ihren kulturellen Horizont. Auch »ihr literarischer Geschmack« ist »hervorragend, dem ihrer deutschen Freunde weit überlegen«, wie Hannah Arendt feststellt.

»Da präsentiert sich, zum ersten, eine Frau, die, als Journalistin, Agitatorin, Parteitagsrednerin, Lehrerin an der Hochschule der Sozialdemokratie und wissenschaftliche Publizistin, den Männern den Schneid abkaufte, weil sie präziser – freilich auch extremer und pointierter (gelegentlich am Rand der kalkulierten Provokation) – als die Funktionäre zu argumentieren verstand, Enthusiasmus und Logik, die Spontaneität der Taktikerin und die Vernunft der Strategin miteinander vereinend«, so Walter Jens.

Es ist das Wort, das geschriebene, das durchdachte, das zielgerichtete, mit dem Rosa Luxemburg die Menschen in Erstaunen versetzt; man ist ihr zugetan oder hasst sie. Noch drücken ihre Texte einzig einen politischen Willen aus, aber in ihren Briefen setzt sich die Poesie der späteren Dichterin durch. Ihrem Geliebten, Leo Jogiches, der sich in Zürich aufhält, schreibt sie einen Tag nach ihrem 28. Geburtstag aus Berlin einen Brief, in dem sie ihm die gemeinsame Zukunft ausmalt: »Eine eigene kleine Wohnung, ein paar eigene Möbel, eine eigene Bibliothek; ruhige und regelmäßige Arbeit, gemeinsame Spaziergänge, ab und zu die Oper, ein kleiner, ein sehr kleiner Kreis von Bekannten, die man gelegentlich zum Abendbrot einlädt, jedes Jahr im Sommer eine Reise für einen Monat aufs Land, das aber ganz ohne Arbeit! ... (und vielleicht auch noch so ein kleines, ganz kleines Bobo? Wird es niemals erlaubt sein? Niemals? Dziodzius, weißt Du, was mich gestern während des Spaziergangs im Tiergarten plötzlich überfallen hat? Aber ohne jede Übertreibung! Plötzlich wirbelte irgendein Bobo von drei bis vier Jahren in einem entzückenden Kleidchen, mit blondem Haar vor meine Beine und begann mich anzugaffen. Schlagartig stieß mich etwas geradezu, dieses Bobo zu ergreifen und mit ihm schnell nach Hause zu fliehen und als eigenes zu behalten. Ach, Dziodziu, werde ich nie ein Bobo haben?!)«

Das bürgerliche Glück, das Luxemburg für sich und den Geliebten erträumt, wird sich nicht erfüllen; zu unterschiedlich sind die Vorstellungen der Frau, die das Leben auskosten möchte, und die des Berufsrevolutionärs, der im Untergrund leben will. Es gibt sogar Zeiten, da ist der Revolutionärin die »ganze gottverdammte Politik oder vielmehr diese blutige Parodie eines ›politischen‹ Lebens« vergällt; besonders wenn sie sich an die Versäumnisse ihren Eltern gegenüber erinnert. Wochen-, monatelang hat sie die Briefe ihrer Eltern nicht beantwortet, ihre Mutter nicht besucht, als diese an Magenkrebs erkrankt und innerhalb eines halben Jahres stirbt. In größter Bitterkeit wirft sie Leo Jogiches vor, keine Zeit für ihre Eltern gehabt zu haben, »wegen dieser *weltbewegenden Aufgaben* (und das dauert bis zum heutigen Tag an), und Du wurdest mir verhasst als derjenige, der mich für immer an diese verfluchte Politik geschmiedet hat«.

Aber Luxemburg wird bis zum letzten Tag an diese »verfluchte Politik geschmiedet« sein und durch sie zu Tode kommen. Revolutionärin ist und bleibt sie bis ans Ende, weil »die Zeitläufe ihren Sinn für Gerechtigkeit und Freiheit« verletzen. Sie kann nicht anders, als gegen die Unterdrückung der einfachen Leute durch die Obrigkeit zu rebellieren; als Unterschriften von Soldaten und Matrosen zu sammeln, die von ihren Vorgesetzten während der Ausbildung und des Kriegs misshandelt worden sind; als die Menschen vor dem Ersten Weltkrieg zu warnen, die Soldaten aufzurufen, die Mordwaffen nicht »gegen unsere französischen oder anderen ausländischen Brüder zu erheben« und wird wegen »Aufforderung zum Ungehorsam« zu einem Jahr Gefängnis verurteilt, an das sich zweieinhalb Jahre Schutzhaft anschließen.

Als Pazifistin hat Luxemburg die Situation richtig eingeschätzt: »Der gegenwärtige Weltkrieg übertrifft jedoch alles Bisherige an Dimensionen, an Wucht, an tief greifender Wirkung«. Sie prophezeit: »So wird die Welt nach dem Krieg gründlich verändert aussehen. Freilich werden emsige Hände die Trümmer wieder aufzurichten suchen. Aber materieller Ruin lässt sich eher wieder gutmachen als moralischer«.

Neun Mal wird Luxemburg in ihrem Leben inhaftiert und in sieben verschiedenen Gefängnissen untergebracht, am Ende fast dreieinhalb Jahre. Die Freiheit, die politische Handlungsfähigkeit, die Freunde und täglichen Genüsse sind ihr genommen, sie klagt nicht, sondern wächst über sich hinaus. »Wie ist es schön, wie bin ich glücklich, man spürt schon beinahe die Johannisstimmung – die volle, üppige Reife des Sommers und den Lebensrausch«, schreibt sie von der Festung Wronke. In der Isolation der Gefängniszelle intensiviert sich das Schreiben, es nimmt noch einmal eine andere Qualität an: Aus der scharfzüngigen Agitatorin Luxemburg wird die Dichterin.

Der Spannungsbogen ihrer Persönlichkeit, zwischen Zärtlichkeit und Härte, tritt stärker hervor. Am 28. Dezember 1916 schreibt sie aus Wronke an ihre Freundin Mathilde Wurm: »Was mich anbelangt, so bin ich in der letzten Zeit, wenn ich schon nie weich war, hart geworden wie geschliffener Stahl und werde nunmehr weder politisch noch im persönlichen Umgang auch die geringste Konzession machen.« Für den Bereich der politischen Analyse trifft das zu. Ihren berühmtesten politischen Text, *Zur russischen Revolution*, verfasst sie im Sommer 1918 im Gefängnis in Breslau: »Freiheit nur für die Anhänger der Regierung, nur für Mitglieder einer Partei – mögen sie noch so zahlreich sein – ist keine Freiheit. Freiheit ist immer Freiheit des Andersdenkenden. Nicht wegen des Fanatismus der ›Gerechtigkeit‹, sondern weil all das Belebende, Heilsame und Reinigende der politischen Freiheit an diesem Wesen hängt und seine Wirkung versagt, wenn die ›Freiheit‹ zum Privilegium wird.« Luxemburg hat von Kindestagen an einen tiefen Sinn für Gerechtigkeit und ein feines Gespür dafür, wenn die Freiheit des Menschen auf dem Spiel steht, so weiß sie: »Ohne allgemeine Wahlen, ungehemmte Presse- und Versammlungsfreiheit, freien Meinungskampf erstirbt das Leben in jeder öffentlichen Institution.« Unter der Führung einer politischen Elite werde es keine »Diktatur des Proletariats, sondern die Diktatur einer Handvoll Politiker« geben. Und wie sie das Ausmaß der Gewalt vorhersieht, das der Erste Weltkrieg mit sich bringt, so ahnt sie, welche Verheerung diese Diktatur in Russland anrichten wird, die mehrere Millionen Menschen das Leben kostet.

Rosa Luxemburgs private Texte sind hingegen von einer Zärtlichkeit und Sensibilität, die die Härte Lüge straft. Der Brief an Sonja Liebknecht, in dem sie die Misshandlung rumänischer Büffel im Gefängnishof von Breslau schildert und am Ende gewissermaßen ausruft: »O, mein armer Büffel, mein armer, geliebter Bruder, wir stehen hier beide so ohnmächtig und stumpf und sind nur eins in Schmerz, in Ohnmacht, in Sehnsucht«, wird von Karl Kraus »dieses im deutschen Sprachbereich einzigartige Dokument von Menschlichkeit und Dichtung« genannt.

Rosa Luxemburg ist in persönlichen Dingen diskret, Erlebnisse ihrer Kindheit bleiben auch den meisten Freunden verschlossen. Einmal, im Gefängnis von Zwickau 1904, wird ihre Kindheit zum Gegenstand ihres Briefes, der gerät zu einer Parabel über ihr Leben. »Das Leben spielt mit mir ewiges Haschen. Mir scheint es immer, dass es nicht in mir, nicht dort ist, wo ich bin, sondern irgendwo weit. Damals zu Hause schlich ich mich in der frühesten Morgenstunde ans Fenster – es war streng verboten, vor dem Vater aufzustehen –, öffnete es leise und spähte hinaus in den großen Hof.« Dort sieht sie den Knecht Antoni an der Wasserpumpe stehen, den Analphabeten, der von ihr, dem Kind, halbwegs Lesen gelernt und sich ein Buch geliehen, das er ihr mit den Worten, es sei »nichts wert«, zurückgegeben hat. Jetzt beginnt der Mann den Hof zu kehren, sein Besen beschreibt »ebenmäßige Bogen«, die »sich wie Brüssler Spitzenborten ausnehmen«. »Sein Hofkehren, das war ein Dichten. Und das war auch der schönste Augenblick, bevor noch das öde, lärmende, klopfende, hämmernde Leben der großen Mietskaserne erwachte. Es lag eine weihevolle Stille der Morgenstunde über der Trivialität des Pflasters, oben in den Fensterscheiben glitzerte das Frühgold der jungen Sonne, und ganz oben schwammen rosig angehauchte duftige Wölklein, bevor sie im grauen Großstadthimmel zerflossen. Damals glaubte ich fest, dass das ›Leben‹, das ›richtige‹ Leben, irgendwo weit ist, dort über die Dächer hinweg. Seitdem reise ich ihm nach. Aber es versteckt sich immer hinter irgendwelche Dächer. Am Ende war alles ein frevelhaftes Spiel mit mir, und das wirkliche Leben ist gerade dort im Hof geblieben, wo wir mit Antoni die *Anfänge der Zivilisation* zu ersten Male lasen.«

Der Hof in Luxemburgs Schilderung wird zum symbolischen Ort des Lebens überhaupt: Sie hat das Leben geliebt, die einfachen Menschen, ihnen wollte sie dienen. Denn sie war davon überzeugt, dass jeder Mensch, auch der Geringste, ein natürliches Interesse daran hat, die Welt zu begreifen und selbstbestimmt zu leben. Der Raum hinter den Dächern der Mietskasernen symbolisiert die ungewisse Zukunft. Ob sie Gutes oder Schlechtes mit sich bringt, das weiß Rosa als Kind noch nicht, aber sie wird sich ihr stellen. Nie ist sie ihm aus dem Weg gegangen, dem »wirklichen Leben«. Auch als sie bürgerliches Glück nicht fand, ihr Kinderwunsch sich nicht erfüllte, wurde sie nicht bitter. Sie hat die Jahre durchschritten, hat ihren Mut nie verloren, nicht ihr unabhängiges Denken, ihre Begeisterungsfähigkeit und ihre Gabe, Härten hinzunehmen. Ihr Leitspruch war: »Sieh, dass Du Mensch bleibst. Mensch sein ist von allem die Hauptsache. Und das heißt: fest und klar und heiter sein, ja, heiter trotz alledem«.

Schreiben in der Verbannung

Natalia Ginzburg (1916–1991)

1940 folgt die junge Mutter Natalia Ginzburg mit ihren zwei kleinen Söhnen ihrem Mann, dem Literaturwissenschaftler Leone Ginzburg, in die Verbannung. Die Familie verbringt drei Jahre in dem abruzzesischen Bergdorf Pizzoli. Abgeschnitten vom Leben der Großstadt, den Verwandten und Freunden fern, verdichtet sich Natalias Blick auf das Wesentliche des Alltags: Eines Alltags in Abgeschiedenheit, der ihr erst einmal unwirklich vorkommt, rar an Ereignissen, die aber umso intensiver auf die Exilantin wirken. Mit der Warmherzigkeit einer glücklichen Mutter beschreibt sie in der Erzählung *Winter in den Abruzzen* das Leben im Dorf. Ihr erster Blick gilt der Familie. Alles Häusliche ist wichtig: das Essen, die Wärme des Ofens, die Spielsachen der Kinder und der Tisch, an dem der Mann schreibt. Sie selbst spart sich in diesem Szenario aus. Und doch hat sie dort in Pizzoli ihren ersten Roman verfasst, den sie unter dem Pseudonym Alessandra Tornimparte 1942 veröffentlichen wird.

»Als der erste Schnee fiel, überkam uns eine tiefe Traurigkeit. Wir waren im Exil. Fern war unsere Stadt, und fern waren die Bücher, die Freunde und die

wechselvollen Geschehnisse eines wirklichen Daseins. Wir heizten unsern grünen Ofen mit seinem langen Rohr, das die Decke durchbrach, und in diesem Zimmer mit dem Ofen versammelten wir uns alle. Hier wurde gekocht und gegessen, und hier, an dem großen, ovalen Tisch schrieb mein Mann. Auf dem Boden lagen die Spielsachen der Kinder herum, an der Decke prangte ein gemalter Adler. Ich betrachtete ihn und dachte: Das ist das Exil. Ja, das Exil war der Adler, der grüne, brummende Ofen, die unendliche Stille der Landschaft und der starre Schnee.«

Wo hat die Schriftstellerin gearbeitet? Natürlich in dem Zimmer mit dem grünen Ofen. Aber sie verliert darüber kein Wort, weil es ihr nicht darum geht, sich selbst zu all den Dingen in Beziehung zu setzen, sie zu bespiegeln. »Dazu kommt, dass ich viele Dinge, an die ich mich erinnere, wegließ; vor allem jene, die mich direkt betrafen. Ich hatte keine große Lust, von mir zu sprechen. So habe ich denn nicht meine Geschichte geschrieben, sondern eher ... die meiner Familie.«

In der Erzählung *Winter in den Abruzzen* nimmt das wichtigste Ereignis im Leben der Familie Ginzburg den geringsten Platz ein. Zwei Sätze genügen Natalia, um mitzuteilen, dass ihr Mann, der Widerstandskämpfer Leone Ginzburg, 1944 in einem römischen Gefängnis an den Folgen der Folter zu Tode gekommen ist.

»Einige Monate, nachdem wir das Dorf verlassen hatten, starb mein Mann im Gefängnis von Regina Coeli. Beim Gedanken an diesen grauenvollen, einsamen Tod, an die Ängste, die ihm vorangingen, frage ich mich, ob dies wirklich uns passiert ist, uns, die wir Orangen bei Giro kauften und im Schnee spazierengingen.«

Die Verzweiflung der Witwe über seinen Tod können wir ahnen, wenn wir die lakonische Erzählung *Die kaputten Schuhe* lesen, die Ginzburg im Herbst 1945 in Rom verfasst hat. Die Erzählung mutet wie ein Essay an, der über bestimmte Formen des Schuhetragens nachsinnt. Zwischen den Zeilen erfahren wir, dass sie sich nach der Ermordung ihres Mannes in Rom aufhält, ihre drei Söhne – vier und drei Jahre, der jüngste acht Monate alt – hat sie ihrer Mutter anvertraut. Die Geschichte endet in der Gewissheit, dass sie der Versuchung widersteht, »mein Leben vor die Hunde gehen zu lassen.«

Auch hier bedient sich Ginzburg einer nüchternen Erzählweise und der ganz konkreten Beschreibung der alltäglichen Dinge: des Tees, den sie mit ihrer Freundin trinkt, die sie in ihre Wohnung aufgenommen hat, des einen Bettes, um das die beiden jeden Abend würfeln, des Teppichs und der Schuhe. Kein Wort über den Platz, an dem sie ihrer schriftstellerischen Arbeit nachgeht.

Von Alice Vollenweider, der Übersetzerin des Bestsellers *Familienlexikon*, erfahren wir im Nachwort, dass Ginzburg stets ihre Unfähigkeit zum systematischen Arbeiten betont hat. Sie lasse sich sozusagen von den Büchern überraschen, sie seien plötzlich da. Sie schreibe auch nicht am Schreibtisch, sondern auf einem bequemen Sofa, mit einem Stoß Papier auf dem Schoß und einem Kugelschreiber in der Hand.

Die kaputten Schuhe in der gleichnamigen Erzählung sind Sinnbild für die Zerstörung der menschlichen Existenz durch Kriege. Am eigenen Leib hat die Jüdin Natalia Ginzburg erfahren, dass der Zweite Weltkrieg ihre Familie zerrissen, ihre Ehe beendet und

Freundschaften zerstört hat. Nachbarn sind zu Verrätern geworden, die Sprache der Literatur zur Propaganda verkommen. Radikal hat der italienische Faschismus die bürgerlichen Werte zunichte gemacht. Die Orientierungslosigkeit der Menschen geht weit über die Nachkriegszeit hinaus.

Dieses Thema wird Ginzburg auch in den kommenden Jahrzehnten aufnehmen, da ihr im Laufe des Lebens der Erhalt der Familie und der bürgerlichen Werte immer wichtiger erscheinen.

Aufschluss über die Entwicklung ihrer schriftstellerischen Identität als Frau gibt der Essay *Mein Beruf* von 1949. Ohne zu analysieren, erzählt Natalia Ginzburg, wie sie bei sich selbst in die Lehre gegangen ist. Wie sie sich Schritt für Schritt entwickelt hat: von der kindlichen Verseschmiederin zur ernsthaften Prosaistin, von der jungen Mutter, die nicht wagt, ihren Blick von den Kindern abzuwenden, zu der Frau, die ihrer Berufung nachgeht. Eine Autorin, die die Kunst der Schriftstellerei mit den Kenntnissen über Tomatensauce in Zusammenhang bringt, hat es bis dahin noch nicht gegeben.

»Ironie und Bösartigkeit erschienen mir als sehr wichtige Waffen in meinen Händen; mir schien, als dienten sie mir dazu, wie ein Mann zu schreiben, mir graute davor, man könne den Dingen, die ich schrieb, entnehmen, dass ich eine Frau war. Fast immer waren meine Figuren Männer, damit sie so weit weg und so losgelöst von mir waren wie möglich.«

Durch Ginzburgs Erfahrungen als Mutter verändert sich diese Sicht: »Und dann habe ich Kinder bekommen, und anfangs, als sie noch sehr klein waren, konnte ich nicht verstehen, wie man schreiben sollte, wenn man Kinder hatte. Ich verstand nicht, wie ich mich von ihnen hätte trennen können, um irgend jemand in einer Erzählung zu folgen. Ich hatte begonnen, meinen Beruf zu verachten. Ab und zu empfand ich verzweifelte Sehnsucht nach ihm, fühlte mich in der Verbannung, aber ich bemühte mich, ihn zu verachten und zu verhöhnen, um mich nur um die Kinder zu kümmern. Ich glaubte, ich müsste es tun. Ich kümmerte mich um den Reisschleim und um den Gerstenbrei und darum, ob die Sonne schien oder ob die Sonne nicht schien und ob es windig war oder ob es nicht windig war, um mit den Kindern spazierenzugehen. Die Kinder erschienen mir zu wichtig, man konnte nicht gleichzeitig irgendwelchen dummen Geschichten, dummen einbalsamierten Figuren hinterherlaufen. Aber ich hatte entsetzliche Sehnsucht, und manchmal kamen mir nachts beinahe die Tränen, wenn ich mich erinnerte, wie schön mein Beruf war. Ich dachte, eines Tages würde ich zu ihm zurückfinden, aber ich wusste nicht, wann: Ich dachte, ich würde warten müssen, bis meine Söhne Männer wären und von mir fortgingen. Denn was ich damals für meine Kinder empfand, war ein Gefühl, das ich noch nicht zu beherrschen gelernt hatte. Doch dann lernte ich es allmählich. Ich brauchte nicht einmal besonders lang dazu. Ich kochte immer noch Tomatensauce und Grießbrei, aber ich dachte dabei an Sachen, die ich schreiben wollte ...«

In diesem Zwiespalt zwischen der Liebe zur Familie und der zur künstlerischen Arbeit leben fast alle Schriftstellerinnen. Ihn aufzuheben ist ein wichtiger Prozess, den Ginzburg immer wieder vollziehen muss: »Ich fing wieder zu schreiben an wie jemand, der noch nie geschrieben hat, weil ich schon so lange nicht mehr schrieb, und die Wörter waren wie frischgewaschen, alles war wieder wie unversehrt und voller Geschmack und Geruch. Ich schrieb nachmittags, wenn meine Kinder mit einem Mädchen aus dem Dorf unterwegs waren, ich schrieb gierig und voll Freude, und es war ein wunderschöner Herbst und ich fühlte mich jeden Tag so glücklich ... Die Hauptperson war eine Frau, aber sehr, sehr verschieden von mir. Jetzt wünschte ich mir nicht mehr so sehr, wie ein Mann zu schreiben, weil ich Kinder geboren hatte, und mir schien, als wüsste ich viele Dinge über Tomatensauce, und auch wenn ich sie nicht in der Erzählung verwendete, nützte es meinem Beruf doch, dass ich sie wusste: Auf geheimnisvolle und sehr entfernte Weise nützte auch dies meinem Beruf. Mir war, als wussten die Frauen durch ihre Kinder Dinge, die ein Mann niemals wissen kann.«

Zwei Eigenschaften zeichnen das Werk der Natalia Ginzburg aus: Sie hat die Sprache vom Pathos befreit, das die Faschisten der Bevölkerung Italiens aufgezwungen haben, um sie zu manipulieren, und sie hat den männlichen Blick relativiert und freigelegt für den weiblichen, der das alltägliche Familiengeschehen zum Gegenstand macht.

Der Frauenliteratur in Italien hat Natalia Ginzburg wesentlich zum Durchbruch verholfen. Nachdem ihr Buch *Familienlexikon* 1963 den »Premio Strega« erhalten hatte und ein Bestseller geworden war, nahm man die Autorin auch im Ausland wahr. Der weiblichen wie männlichen Leserschaft gefällt besonders ihr menschlicher Blick auf die Unzulänglichkeiten des Lebens, ihre Warmherzigkeit, ihre Vernunft und ihr Stil, der schnörkellos und frei von rhetorischen Kunstgriffen ist. Die Ich-Erzählform, die sie für ihre Prosa gewählt hat, wird als echt und ehrlich empfunden.

In einem Essay von 1941 schreibt sie: »Heute ist es schwierig, die Wirklichkeit zu erzählen, weil sie nebelhaft, wirr, chaotisch, unentzifferbar geworden ist. Jeder kann nur einen sehr kleinen Ausschnitt aus ihr kennen. Darum glaube ich, dass man heute nur noch erzählen kann, wenn man ›ich‹ sagt.«

Damit ist aber keinesfalls die radikale Ich-Erkundung gemeint, wie sie in den Tagebüchern von Katherine Mansfield und Sylvia Plath zu finden ist. Auch fehlt im Werk von Ginzburg der analytische, zergliedernde Blick, der für Virginia Woolf typisch ist. Vielmehr sieht Ginzburg die Beschränktheit ihres Blicks auf die Welt, der sie ein authentisches ›Ich‹ gegenüberstellt.

Obwohl Ginzburgs politische Haltung eindeutig war, sie sich als Journalistin in das politische Tagesgeschehen eingemischt hat und von 1983 bis 1987 als unabhängige Kandidatin der Kommunistischen Partei ins Parlament gewählt worden ist, in dem sie sich besonders für Frauenfragen einsetzte, finden wir in ihren literarischen Schriften keine direkte Zeit- und Gesellschaftskritik wie bei Marina Zwetajewa.

Natalia Ginzburg ist eine der wenigen Frauen, die ihr Leben als Mutter und Ehefrau, als Schriftstellerin und Politikerin, als Lektorin im Einaudi-Verlag und Übersetzerin von herausragenden französischen Werken wie *Auf der Suche nach der verlorenen Zeit* von Marcel Proust gemeistert hat. In zweiter Ehe mit Gabriele Baldini verheiratet, gebar sie einen Sohn und eine Tochter, beide behindert. Bis zu ihrem Tod im Jahr

1991 pflegte sie ihre behinderte Tochter Susanna. Ihrer Familie, den Freunden und Bekannten galt sie als klug und liebenswert, ebenso wie ihr literarisches Werk bis heute empfunden wird.

»Ich hätte nur einen einzigen Beruf haben können: den Beruf, den ich wählte und seit meiner Kindheit ausübe.«

Ginzburg hat nie ein eigenes Arbeitszimmer für sich beansprucht und vielleicht gerade durch diese Bescheidenheit immer ihren Ort zum Schreiben gefunden.

Schreiben Seite an Seite

Sylvia Plath
(1932–1963)

Der Jahreswechsel von 1962/63 ist ein besonderer: Ein Jahrhundertwinter kommt über London, die Versorgung der Millionenstadt bricht zusammen. Alltägliche Bedürfnisse werden zum Luxus. In den Mietshäusern frieren die Rohre ein, es gibt kein fließendes Wasser, keine Elektrizität; Klempner und Kerzen sind nicht zu bekommen. In den Wohnungen kann weder geheizt noch gebadet, weder gekocht noch Wäsche gewaschen werden. Familien mit Alten, Kranken oder Kleinkindern sind der Verzweiflung nah. Einsame und Unglückliche können die Schwierigkeiten kaum aushalten. Ärzten ist es unmöglich, Hausbesuche zu machen: Ihre Autos sind eingeschneit. Therapeuten vertrösten Patienten, ihre Praxen sind zu Eiskellern geworden. Nachbarn verschließen ihre Türen, sie sind mit eigenen Problemen beschäftigt. Die Millionenstadt erlebt einen dramatischen Stillstand.

An einem dieser trostlos kalten Tage, es ist Montag, der 11. Februar 1963, macht sich eine junge Frau, Mutter von zwei kleinen Kindern, zum Sterben bereit. »Gegen sechs Uhr morgens ging sie ins Kinderzimmer hinauf und stellte ein Tablett mit Brot und Butter und zwei

Bechern Milch hin für den Fall, dass die Kinder, bevor das Au-pair-Mädchen eintraf, Hunger bekommen sollten. Dann ging sie wieder hinunter in die Küche, dichtete Tür und Fenster, so gut sie konnte, mit Handtüchern ab, öffnete den Backofen, legte ihren Kopf hinein und drehte den Gashahn auf.« So rekonstruiert Alfred Alvarez, ein verlässlicher Freund der Familie Hughes, der auch Schriftsteller und Literaturkritiker ist, den letzten Tag im Leben der 30-jährigen Schriftstellerin Sylvia Plath.

Noch im alten Jahr, am Weihnachtstag 1962, hatte Alvarez eine Einladung der Schriftstellerin angenommen. Er besuchte sie in der Londoner Wohnung, die sie gerade mit ihren Kindern bezogen hat. Über die Trennung von ihrem Ehemann Ted Hughes wird nicht gesprochen. Sylvia liest dem Freund und Redakteur des *Observer* einige ihrer neuen Gedichte vor, wie sie es zuvor oft getan hat. Er findet sie verändert, ist irritiert, kann den Gedichten kaum Aufmerksamkeit schenken und macht Einwände gegen ihre übertriebenen Metaphern. »Die Nörgeleien«, wie er sie später nennt, bereut er zutiefst. Gegen 20 Uhr verlässt er sie, um einer weiteren Einladung nachzukommen, genau wissend, »dass ich sie endgültig, in unverzeihbarer Weise, im Stich ließ.«

In seinem Buch *Der grausame Gott*, eine Studie über den Selbstmord, beschreibt er die Eindrücke seines letzten Besuches bei Sylvia Plath: »Sie schien verändert. Ihr Haar, das sie gewöhnlich in einem straffen, lehrerinnenhaften Knoten trug, hing lose, wie ein Zelt, bis zur Taille herab und verlieh ihrem bleichen Gesicht und ihrer hageren Gestalt das merkwürdig trostlose, in sich versunkene Aussehen einer von Riten ihrer Religion erschöpften Priesterin. Als sie durch die Hausdiele und die Treppe hinauf vor mir herging – sie bewohnte die beiden oberen Stockwerke –, strömte ihr Haar einen starken, tierisch scharfen Geruch aus. Die Kinder lagen schon oben in den Betten. Es war still in der frisch gestrichenen, weißen und frostigen Wohnung. Soweit ich mich erinnere, waren noch keine Vorhänge angebracht. Die Nacht drang kalt durch die Fenster ein. Sie hatte die Zimmer absichtlich leer gelassen: Binsenvorleger auf dem Boden, ein paar Bücher, viktorianische Nippes und wolkige blaue Glassachen auf den Regalen, zwei kleine Holzschnittarbeiten von Leon Baskin. Auf eine keusche und kahle Weise war es recht schön bei ihr, aber kalt, sehr kalt. Durch den Krimskrams der dürftigen Weihnachtsdekoration wirkte die Wohnung doppelt verloren, jedes einzelne Stück schien zu wiederholen, dass sie mit ihren Kindern an den Festtagen allein sein würde. Für die Unglücklichen ist Weihnachten immer eine schlimme Zeit: Die fürchterliche falsche Fröhlichkeit, die von allen Seiten auf sie eindringt und guten Willen und Frieden und Familienfreuden austrompetet, macht Einsamkeit und Depressionen besonders schwer erträglich. Ich hatte Sylvia nie so angespannt und gezwungen gesehen.«

Man hätte diesem Selbstmord nicht viel Aufmerksamkeit geschenkt – fast hundert Menschen beenden in dem Winter in Großbritannien ihr Leben –, wäre die junge Frau nicht die begabteste Dichterin ihrer Generation gewesen: Sylvia Plath. 1932 in Boston, Massachusetts geboren, Tochter eines deutschstämmigen Vaters und einer Mutter österreichischer Herkunft. Ihr Vater, ein Biologieprofessor, stirbt an einer Beinamputation, als sie noch ein Kind ist. Des Vaters beraubt, zu dem sie ein inniges Verhältnis hatte, von einer Mutter großgezogen, die nur an das Fortkommen der Familie dachte und sich zwang, den Kindern gegenüber keine Trauer zu zeigen, trauert Plath ihm das ganze Leben nach.

Die unausgelebte Trauer verbindet sich mit einem immer stärker anwachsenden Schuldgefühl, das Formen der Selbstzerstörung annimmt. Die junge Frau muss die Liebe zu ihrem Vater in sich abtöten, um von ihm freizukommen. In dem posthum veröffentlichten Gedicht *Daddy,* das eines ihrer bekanntesten ist, stellt sie ihren Vater als SS-Schergen dar, der er nie war. Die letzte Zeile lautet: »Papi, Papi, du Drecksstück, zwischen uns ist es aus«. Alfred Alvarez hält das Gedicht für einen Befreiungsschlag gegen den imaginären Vater, der seine Tochter lockt, ihm ins Totenreich zu folgen. Wie bei Schwarzer Magie beschwöre sie seine allmächtige Person erst herauf, um sie dann zu überwinden.

In einem anderen berühmten Gedicht, *Madame Lazarus,* aus derselben Sammlung, schlüpft sie in die Haut einer Jüdin, die in einem KZ zerlegt wird wie ein Schlachttier. Schockierend ist die Aufzählung der Körperteile, die zu Gegenständen verarbeitet werden, mit denen gerade eine Schriftstellerin täglich umgeht. Ihre »Haut« wird zu einem »Nazi-Lampenschirm«, ihr »rechter Fuß ein Briefbeschwerer«.

Plath hat sich als Überlebende empfunden und sich deshalb als Jüdin gesehen. Wäre das Gedicht nicht posthum erschienen, hätte man sie gezwungen, diese Sicht zu revidieren.

Es ist aber nicht nur solches Pathos privaten Leids, das Sylvia Plaths Lyrik kennzeichnet. Ihre Einstellung zu einer »Mutprobe« wie dem Sterben ist nüchtern bis zum Sarkasmus. »Sterben / ist eine Kunst, wie alles. / Ich kann es besonders schön«, heißt es in ihrem Gedicht *Madame Lazarus.*

Viele ihrer Gedichte sind jedoch ganz Alltäglichem gewidmet: *Schafe im Nebel, Mohnblumen im Oktober, Ballons.* Sie sind von einer lakonischen Genauigkeit der Wahrnehmung und mutig darin, Schmerzliches und Verstörendes zur Sprache zu bringen, sei es eine *Quetschung* oder *39,5 Grad Fieber.* In ihrem stark autobiografisch geprägten Roman *Die Glasglocke* beschreibt sie die Auswirkungen eines Nervenzusammenbruchs während ihres Studiums und den Beginn ihrer schriftstellerischen Existenz.

Diese Gedichte und der Roman, der wenige Wochen vor ihrem Selbstmord unter dem Pseudonym Victoria Lucas erscheint, haben ihr viel Ruhm eingetragen. Lange aber haben ihr Leben und ihr Tod genauso viel – wenn nicht mehr – Aufmerksamkeit auf sich gezogen. Durch ihren Selbstmord ist Sylvia Plath ein Mythos der Frauenbewegung geworden: die geniale Schriftstellerin als Opfer der Männer.

Vom ›Geist‹ des toten Vaters verfolgt, vom Ehemann in den Schatten gestellt, eine Karriere, die langsamer in Gang kommt als die des Mannes, schließlich alleingelassen mit den beiden Kindern und der Aufgabe, als alleinerziehende Mutter den Lebensunterhalt für die Familie zu verdienen: Die Überforderung als Grund für den Selbstmord. Die Schuld dafür lasten manche bis heute allein Ted Hughes an.

In dem Maß, in dem Sylvia Plath aufgewertet wird, wird ihr Mann vor allem von ihren feministischen

Interpretinnen abgeurteilt. Doch der verfemte Ehemann hat mit seinem 1998 erschienenen Gedichtband *Birthday Letters* gezeigt, wie tief er mit seiner Frau verbunden war und wie die Trauer über ihren Tod Jahrzehnte auf ihm lastete.

Wir können davon ausgehen, dass Ted Hughes seine Frau in der Zeit ihres Zusammenlebens geliebt, unterstützt und gefördert hat, so weit ihm das möglich war. Beschreibungen ihrer Wohnverhältnisse und ihres Tagesablaufs bezeugen einen wechselseitigen Respekt vor der künstlerischen Arbeit des anderen.

Nach seiner Trauung, im Juni 1956, verbringt das Ehepaar den Sommer in einem kleinen Fischerdorf in Spanien. Euphorisch beginnt Sylvia Plaths Eintragung ins Tagebuch: »Unser neues Haus ist großartig.« Dem stellt sie die Mängel – sie zählt sie minuziös auf – des Quartiers entgegen, in dem sie vorher bei einer Witwe gewohnt haben. Diese Aufzählung zeigt, wie störanfällig die Lyrikerin auf äußere Einflüsse reagiert und wie stark ihre schriftstellerische Kreativität abhängig ist von den Gegebenheiten ihrer nächsten Umgebung.

In Benidorm, dem Fischerdorf, hat sie Glück: »An diesem neuen Ort geht alles gut. Ich habe ganz stark das Gefühl, die nächsten zehn Wochen werden Quelle eines kreativen Lebens und Schreibens.« Der Liebesrausch der Flitterwochen gibt das Übrige hinzu: »Außerdem spüre ich, dass ganz direkt eine neue Energie in meine eigene Arbeit fließt, und ich werde diese Woche meine Schreibhemmung ablegen ...« Mit einer depressiven Lähmung, die alles andere als das Schreiben in den Vordergrund drängt, hat Sylvia Plath stets zu kämpfen. Hier schwärmt sie: »Nie in meinem Leben waren die

Bedingungen so perfekt: ein toller hübscher intelligenter Ehemann ..., ein ruhiges, großes Haus, nichts stört, kein Telefon, kein Besuch: das Meer, gleich die Straße hinunter, oben die Hügel. Vollkommenes Wohlbefinden, geistig und körperlich.«

Als das Paar für drei Jahre nach Amerika zurückkehrt, verbringt es das letzte Jahr in Boston in einer winzigen Zweizimmerwohnung. Diese hat zwei Erker, einen für jeden, um darin zu arbeiten. Finanziell sind die beiden einigermaßen abgesichert, doch Sylvia geht es nicht gut. Sie schwankt in ihrer Rolle als Ehefrau und Autorin; einerseits möchte sie perfekt sein als Hausfrau – sie ärgert sich über Papierschnipsel unter Teds Schreibtisch –, andererseits möchte sie ungestört schreiben können. Das Paar streitet häufig, manchmal kommt es zu gewalttätigen Ausbrüchen. Am schwersten aber ist es für Sylvia zu ertragen, wenn sie beide den ganzen Tag schreiben. Das Gefühl, weniger produktiv zu sein als Ted, macht sie depressiv und sogar körperlich krank.

Über Schreibhemmungen, die sie lähmen, notiert sie im Tagebuch: »Mein Kopf ist unfruchtbar ...« Sehr anschaulich gibt sie die Situation wieder, in die sie immer wieder gerät: »Glücklich konnte ich nur als Schriftstellerin sein, aber Schriftstellerin konnte ich nicht sein. Mir gelang kein einziger Satz: Die Angst lähmte mich, diese mörderische Hysterie. Ich saß in der heißen Küche, den Mangel an Zeit konnte ich nicht mehr dafür verantwortlich machen, das schwüle Juliwetter auch nicht, nichts, ausgenommen mich selbst. Die weißen, hart gekochten Eier, der grüne Salatkopf, zwei zarte rosa Kalbskoteletts verlangten, ich solle mich um sie kümmern, solle sie zubereiten zu einer Speise, ihr einsames, bleiernes Dasein in eine bekömmliche Mahlzeit verwandeln. Ich hatte in dem eitlen Traum gelebt, eine *Schriftstellerin zu sein.* Und da schafften es sogar blöde Hausfrauen und Leute mit Kinderlähmung, ihre Geschichten in *The Sat Eve Post* unterzubringen. Völlig vernichtet ging ich zu Ted, sagte, er solle sich um die Kalbskoteletts kümmern. Und brach in Tränen aus. Untauglich, zu nichts zu gebrauchen.«

In der winzigen Wohnung, unweit des Regent's-Park-Zoos, in der sie als Familie ab 1960 mit ihrer Tochter Frieda leben, arbeiten die Eheleute abwechselnd an einem kleinen Tisch, der unter dem Fenster des Schlafzimmers steht. Am Abend müssen Tisch und Schreibmaschine fortgeräumt werden, um für das Kinderbettchen Platz zu schaffen.

Aus der Enge der Londoner Mietskaserne fliehend, mietet die Familie Hughes in Devon, in der Nähe von Exeter, ein Herrenhaus mit Hof und Garten. Einträchtig renovieren die Eheleute das vernachlässigte Haus, Sylvia übernimmt die meisten Handwerkerarbeiten. Dort wird im Januar 1962 der Sohn Nicholas geboren. Sylvia wirkt nach der Geburt des zweiten Kindes gestärkt und zuversichtlich: Ihre Identität als Mutter, Hausfrau und Schriftstellerin scheint fest verankert. Dem Besucher Alvarez teilt sie stolz mit: »Ich schreibe wieder. Es ist diesmal wieder richtiges Schreiben.« An Anerkennung fehlt es nicht: Der *Observer* bringt zwei Gedichte von ihr.

Doch schon am Ende des gleichen Jahres begibt sich Plath in London allein auf Wohnungssuche. Ihr Mann hat sie verlassen. Das dörfliche Leben in Devon ist für eine alleinerziehende Künstlerin unerträglich.

Ihrer Mutter schreibt sie nach dem Umzug: »Von Ted getrennt zu leben ist herrlich – ich stehe nicht länger in seinem Schatten, und es ist himmlisch, um meiner selbst willen gemocht zu werden und zu wissen, was ich will.«

Diese Worte, die sich selbst Lügen strafen, wird die Mutter vielleicht geglaubt haben, denn sie klingen so vertraut nach Pflichterfüllung, Stärke und Disziplin. Sich so zu verhalten, als gäbe es keine Probleme, war Programm ihrer Erziehung, das sie ihren Kindern vorgelebt hat. Noch einmal spielt Sylvia, in der düstersten Zeit ihres Lebens, der Mutter das Märchen vom gut gelaunten, zielstrebigen Kind vor.

Mit der Disziplin, die sie von ihrer Mutter gelernt hat, und der eigenen, glühenden Energie, die zu ihrem Wesen gehört, schreibt sie nach der Trennung von Ted Hughes ihre bedeutendsten Gedichte. »Ich bin eine geniale Schriftstellerin; ich hab's in mir. Ich schreibe die besten Gedichte meines Lebens; sie werden mir einen Namen machen …« Ihre Worte erfüllen sich; die Gedichtsammlung *Ariel* wird überall als ihr reifstes Werk gefeiert.

Eines der schönsten Gedichte aus dieser Sammlung heißt *Milde.* Es beschreibt die häusliche Situation mit viel Zärtlichkeit und Hingabe. Wunsch und Erfüllung verbinden sich hier wie ein liebendes Paar. In der letzten Strophe spricht die schreibende Frau den schenkenden Mann direkt an:

»Und da kommst du, mit einer Tasse Tee
Bekränzt mit Dampf.
Der Blutstrom ist ein Gedicht,

Stillen kann man ihn nicht.
Du reichst mir zwei Kinder, zwei Rosen.«

Ihren beiden Kindern hat Sylvia Plath einen schweren Nachlass aufgebürdet. Der Sohn Nicholas, ein promovierter Meeresbiologe, beendete sein Leben 2009, zermürbt von Phasen schwerster Depressionen. Umso freudiger verfolgt man den künstlerischen Werdegang der Tochter Frieda Hughes: Sie ist Malerin geworden und hat 1998 ihren ersten Gedichtband *Wooroloo* vorgelegt, dem in größeren Abständen sechs gefolgt sind. Ihre Texte stehen weder im Schatten der Mutter noch des Vaters. Die Stimme der 59-Jährigen hat ihren eigenen Ton, der ist härter und klarer als der ihrer Mutter. Die Literaturgeschichte der Familie Plath-Hughes ist noch nicht an ihr Ende gekommen.

Schreibtisch mit Blick auf den Hudson River

Hannah Arendt (1906 – 1975)

1930 zieht Hannah Arendt mit ihrem ersten Mann, Günther Stern, von Frankfurt zurück nach Berlin. Dort schreibt sie an ihrem Buch *Rahel Varnhagen. Lebensgeschichte einer deutschen Jüdin aus der Romantik*; mit dieser Arbeit will sie sich habilitieren. Realistisch ihre intellektuellen Fähigkeiten einschätzend, strebt sie eine Universitätslaufbahn an. Aber die Arbeit kommt nur schleppend voran, zum einen, weil das Material schwer zu sichten ist, zum anderen, weil sich die politische Situation in Deutschland zuspitzt. Arendt erkennt früh die Gefahr, die von der völkischen Bewegung ausgeht. Schon 1929 weiß sie, dass Hitlers Machtergreifung vorgezeichnet ist, da er von dem Medienmogul Alfred Hugenberg unterstützt wird.

1932 erwägt sie zum ersten Mal, Deutschland zu verlassen, denn überall begegnet ihr Antisemitismus. Mit ihrem jüdischen Mann wartet sie aber doch die weitere Entwicklung in Berlin ab. Der Reichstagsbrand im Februar 1933 ist dann für sie *der* Wendepunkt: »Ich war nicht mehr der Meinung, dass man jetzt einfach zusehen kann«. Mit der klaren Absicht: »Jetzt will ich

mich organisieren«, übernimmt sie illegale Aufgaben für die zionistische Organisation in Berlin, indem sie Schriftstücke sammelt, die antisemitische Äußerungen enthalten. Damit soll dokumentiert werden, wie umfassend und schnell sich der Hass gegen Juden in Vereinen, Schulen, Universitäten und anderen Gruppierungen der Gesellschaft ausbreitet.

Auf ›offener‹ Straße spricht Arendt Freunde und Bekannte an und warnt sie vor den neuen Machthabern. Den Schock, dass sich gerade viele Intellektuelle ohne Not den Nationalsozialisten andienen, verwindet sie bis zum Ende ihres Lebens nicht. So will der Freund Benno von Wiese ihr weismachen, dass nun »große Zeiten« anbrechen werden; ihr akademischer Lehrer und früherer Geliebte Martin Heidegger feiert bei seinem Amtsantritt als neuer Rektor der Freiburger Universität »die Größe« und »die Ehrenhaftigkeit dieses nationalen Erwachens«. Sogar der vernünftige Karl Jaspers verspricht sich von der NSDAP eine Erneuerung der Universität und versucht Arendt noch 1933 die Emigration auszureden, die er für eine übereilte »Dummheit« hält.

Arendt lässt sich von den großen Männern nicht beeinflussen. Gerade in »dunklen« Zeiten bleibt ihr Blick klar, schärft sich ihre Urteilskraft. Als sie von Verhaftungen und Folterungen durch die Gestapo erfährt, stellt sie ihre Wohnung in der Opitzstraße zur Verfügung. Die Wohnung wird zur Durchgangsstation für Hitler-Gegner, die auf der Flucht sind. An ein ruhiges Arbeiten am Schreibtisch ist im Jahr 1933 nicht mehr zu denken.

Im Juli wird auch Arendt verhaftet und zum Polizeipräsidium am Alexanderplatz gebracht. Nach achttägiger Gestapohaft entlassen – sie hat das Glück, durch einen unerfahrenen Polizisten verhört zu werden –, flieht sie aus Deutschland über die grüne Grenze des Erzgebirges, über Prag und Genf, und gelangt so nach Paris. Von ihrem Buch *Rahel Varnhagen* hat sie elf Kapitel geschrieben, die Arbeit an den fehlenden zwei wird sie 1938 wieder aufnehmen, das Buch selbst erst 1958 veröffentlichen. Fast zwei Jahrzehnte kommt Hannah Arendt nicht zu Ruhe, und ihren Wunsch, ein größeres Werk in Angriff zu nehmen, vereiteln die historischen Umstände.

In Paris arbeitet Arendt für verschiedene jüdische Organisationen; sie hilft jüdischen Flüchtlingen, die nach Palästina auswandern wollen. Wie die Beschäftigung mit dem Leben von Rahel Varnhagen ihren Blick für die »Judenfrage« geschärft hat, so lernt sie durch ihre jetzige Tätigkeit als Sozialarbeiterin Dinge, die ihr später bei der eigenen Flucht zugute kommen. 1940 heiratet sie ihren zweiten Mann Heinrich Blücher, einen Kommunisten, von dem sie sagt, dass sie durch ihn »politisch denken und historisch sehen gelernt habe«. Noch im selben Jahr wird Arendt als »feindliche Ausländerin« in das südfranzösische Lager Gurs überstellt, aus dem sie, wiederum durch glückliche Umstände, entkommen kann. 1941 gelingt es ihr, zusammen mit ihrem Mann, in letzter Minute über Marseille und Lissabon in die USA zu emigrieren.

Mit 25 Dollar in der Tasche kommt das junge Ehepaar im Mai in New York an. Ein Stipendium von 75 Dollar monatlich ermöglicht ihm, zwei halb möblierte Zimmer in der 95. Straße, 317 West, zu mieten. Bangend wartet Arendt auf die Ankunft ihrer Mutter Martha, die nach einem Jahr des ständigen Untertauchens in Südfrankreich abgemagert und erschöpft einen Monat später eintrifft. Das Leben zu dritt in beengten Verhältnissen, das fast bis zum Tod Marthas im Sommer 1948 fortdauert, bringt unerträgliche Spannungen mit sich. Heinrich Blücher, ein extrovertierter, histrionischer Mann, findet keine Arbeit und keinen Anschluss in New York, er ist niedergeschlagen. Arendts 67-jährige Mutter, eine früher temperamentvolle und selbstbewusste Frau, ist nun in New York verängstigt und muss durch stupide Heimarbeit das Familieneinkommen aufbessern. Wechselseitig lehnen sich Schwiegermutter und Schwiegersohn ab und machen kein Geheimnis daraus; die räumliche Nähe verstärkt alle Konflikte, und Hannah Arendt ist zwischen den Menschen, die sie liebt, wie zerrissen. Sie selbst muss sich immer wieder um neue Arbeitsverhältnisse bemühen, im Eiltempo die fremde Sprache lernen, und da sie als Autorin und Dozentin ihr Geld verdient, reicht die Umgangssprache nicht, geht es doch um politische, soziologische und philosophische Terminologie. Dazu kommen viele berufliche Reisen, die sie allein unternimmt und bei denen sie ihren Mann schmerzlich vermisst. Er wiederum hält die Einsamkeit und seine Nutzlosigkeit nicht aus, sucht Affären, von denen sie erfährt. Das aber, was sie am meisten bedrückt, ist ihr Status als staatenloser Flüchtling, der sich erst 1951 ändert, als sie die amerikanische Staatsbürgerschaft erhält.

Trotz aller Widrigkeiten fasst Hannah Arendt in den USA beruflich schnell Fuß, mit ihrem Einkommen finanziert sie jahrelang die Familie. Sie arbeitet von 1944 bis 1946 als Forschungsleiterin der *Conference on Jewish Relations*, von 1946 bis 1948 als Chef-Lektorin im

Schocken Verlag. 1948 bis 1952 ist sie die Geschäftsführerin der *Commission on European Jewish Cultural Reconstruction*, die sich für die Rettung jüdischen Kulturguts einsetzt.

Ihre Arbeit ist anspruchsvoll und oft aufreibend, dennoch gelingt es Arendt, Zeit zum Schreiben zu finden: es entstehen politische Essays, journalistische Texte und Reflexionen über gesellschaftliche Fragen. Auch der intensive briefliche Austausch mit Karl Jaspers, der 1945 erneut beginnt, reißt bis zu seinem Tod im Februar 1969 nicht ab. Denn für Arendt gehören Denken und Schreiben zusammen: Für sie ist die Schriftstellerei das wichtigste Mittel zur Selbstverständigung und zur Verständigung mit der Welt. Auch das Buch über Rahel Varnhagen hat sie in diesem einen Sinn geschrieben: »Ich will verstehen«.

1951 erhält Arendt nicht nur die amerikanische Staatsbürgerschaft, für die sie in tiefer Weise dankbar ist, sie kann auch ihr erstes großes Buch *Elemente und Ursprünge totaler Herrschaft* vorlegen, das eines der frühesten Standardwerke der Totalitarismusforschung ist, und in das nicht nur Arendts Erkenntnisse aus ihrer Kommissionsarbeit einfließen, sondern auch ihre Erfahrungen als Flüchtling.

Zwar hat sich die Lebenssituation des Ehepaars verbessert – 1952 erhält Heinrich Blücher eine feste Anstellung als Dozent am Bard College –, aber die Wohnsituation ist weiterhin unbefriedigend. Als Arendt dann auch noch im eigenen Hausflur von zwei Jugendlichen überfallen und ihr die Tasche geraubt wird, beschließt sie, »dies gleich als einen Wink vom Himmel zu nehmen und erst mal eine andere Wohnung zu suchen«.

Sie hat Glück, schon die erste gefällt ihr. An ihren Freund Karl Jaspers schreibt sie: »Und siehe da – alles wie vorgeschrieben. Beide Arbeitszimmer mit fantastisch schönem Blick auf den Fluss. Ganz ruhig, weder Straße noch Nachbarn zu hören. Vier große, gut geschnittene Zimmer und ein kleines Zimmer. Sehr nette Küche mit Anrichteraum. Reichliches Nebengelass. Riesen Wandschränke, in die man zum Teil richtig hineingehen kann. Der Preis genau so hoch, wie wir es als Maximum beschlossen hatten«.

Also packen die Blüchers im Dezember 1959 ein letztes Mal ihre Sachen zusammen, verlassen ihre Wohnung in Morningside Heights und ziehen an den Riverside Drive. Die Wohnung ist wie für ihre Bedürfnisse gemacht, die Arbeits- und Diskussionsräume das Entscheidende. Das Esszimmer ist zugleich Bibliothek, bei den Mahlzeiten sieht man auf die Rücken der Bücher von Platon, Aristoteles, Immanuel Kant, Johann Wolfgang von Goethe, Rainer Maria Rilke, Uwe Johnson, Randall Jarrell, Hermann Broch; mit den letzten drei genannten steht Arendt in engem Kontakt.

Sie arbeitet im Wohnzimmer an einem Schreibtisch, der den Blick auf den Riverside Park und den Hudson River freigibt. Auf ihm stehen Fotografien von Martha Arendt, Heinrich Blücher und Martin Heidegger, Arendts einstigem Geliebten, von dem sie sich politisch distanziert hat, an dem sie aber immer noch hängt. Dicht neben dem Tisch befinden sich die Regale mit ihren eigenen Werken und deren Übersetzungen.

»Im Mittelpunkt dieses geräumigen Wohnzimmers standen Sofas und Stühle, ein kleiner Getränkeständer, der von der Seite herangezogen wurde, und ein

Kaffeetisch, voller Zigaretten, Streichhölzer, Aschenbecher, dazu ein Arsenal von Nussschalen, Minze-Schalen und Gläsern mit Plätzchen – das Diskussionszentrum.« So beschreibt Elisabeth Young-Bruehl, Arendts Schülerin und Biografin, das Zimmer, in dem die Philosophin nachdenkt, schreibt, diskutiert und als 69-Jährige, während eines Besuches von Freunden, an einem Herzinfarkt stirbt.

Die letzte Wohnung spiegelt Hannah Arendts Leben, ihre Bedürfnisse, ihre Vorlieben und Notwendigkeiten. Wichtig ist ihr die Privatsphäre, der private Schutzraum als »Denkraum«. Schreibt sie, so will sie allein sein, von Geräuschen nicht gestört. Der Blick vom Schreibtisch auf den Park genügt ihr, sie ist kein Naturkind. Sie ist an Menschen interessiert, an dem Austausch mit Freunden. So ist ihr Arbeitszimmer zugleich auch Treffpunkt. Der Freundeskreis, der sich in den Jahren in New York langsam um das Ehepaar gebildet hat, ist und bleibt für Hannah der Mittelpunkt ihres Lebens.

Wie Arendt geistige Enge nicht erträgt, so muss sie den Raum um sich spüren, Platz haben für die geistigen Schätze: die Bücher. Ihre eigenen müssen griffbereit stehen, damit sie sich ihrer vergewissern kann. Den größten Schmerz, den Martin Heidegger seiner früheren Schülerin und Geliebten bei jedem ihrer Besuche in Freiburg antut, ist der, Hannah Arendt nur als seine Bewunderin zu akzeptieren. Dass sie einen Namen als Autorin hat und erfolgreich ist, davon darf nicht gesprochen werden.

Das Arbeits- und Wohnzimmer ist das Herzstück der neuen Wohnung am Riverside Drive 370. Und als das Interesse neugieriger Besucher im Februar 1960 nachlässt, kommt Arendt wieder zu sich und schreibt an Jaspers. »Ich lebe sehr still, gehe nur hie und da ins Theater oder Konzert. Ich sitze an der Übersetzung der *Human Condition*, die zum April fertig sein soll und Anfang Mai vielleicht wirklich fertig sein wird.« Und halb mit Kummer, halb im Einverständnis stellt sie fest: »Ich werde nie mehr mit meinen Siebensachen fertig werden, wenn ich mich nicht einmal *ein Jahr* still verhalte«.

Sich still zu verhalten, wird ihr nicht gelingen, denn die »Eichmann-Kontroverse« liegt noch vor ihr und wird sie drei Jahre lang in Atem halten. In ihrem Arbeits- und Wohnzimmer werden sich Anfang der Sechzigerjahre Turbulenzen abspielen, die Hannah Arendt nicht im Entferntesten hat voraussehen können. Der spektakuläre Prozess gegen Adolf Eichmann, der am 11. April 1961 vor dem Jerusalemer Bezirksgericht beginnt und an dem Arendt als Berichterstatterin für die Zeitschrift *The New Yorker* teilnehmen wird, ist der Auslöser. Ihre Entscheidung, über einen Prozess zu schreiben, der eines der schrecklichsten Menschheitsverbrechen verhandelt und auf den alle Welt schaut, verändert nicht nur ihre Denkweise und ihr Privatleben, sondern auch ihr Image als Wissenschaftlerin und ihre Beziehung zur Öffentlichkeit. Jahrelang wird kein Tag vergehen, an dem nicht Dutzende Postsendungen als Reaktion auf ihre Artikel und später auf ihr Buch *Eichmann in Jerusalem. Ein Bericht von der Banalität des Bösen* bei ihr eintreffen und die ganze Wohnung überfluten. Mutig und klug stellt sie sich dieser großen gesellschaftlichen Auseinandersetzung, die den eigentlichen Beginn der Aufarbeitung von den Verbrechen der NS-Diktatur markiert.

Der Prinz von Theben nimmt Wohnung im Reich der Fantasie

Else Lasker-Schüler (1869–1945)

Viel wissen wir von ihren Fantasien, wenig von ihrem Alltag, noch weniger von ihren Behausungen. Die wichtigsten Orte in ihrem Leben hat sie stilisiert, bis zur Unkenntlichkeit. Andere haben über ihre Zimmer in Hinterhöfen, Hotels und schäbigen Pensionen berichtet, nur flüchtig, weil Else Lasker-Schüler ihnen keinen Einlass in ihre reale Welt gestattete. Sie selbst hat sich den Blick auf die Realität verboten, bis sie als Exilantin in Zürich und Jerusalem strandet und keine Kraft mehr hat, die Armseligkeit ihrer letzten Unterkünfte zu verklären.

Else Lasker-Schüler war Dichterin und Gauklerin in einer Person. Um ihren Lebenslauf gebeten, schreibt sie 1920: »Ich bin in Theben (Ägypten) geboren, wenn ich auch in Elberfeld zur Welt kam im Rheinland. Ich ging bis elf Jahre zur Schule, wurde Robinson, lebte fünf Jahre im Morgenlande, und seitdem vegetiere ich.«

Diese Angaben zur Person muten bei einer 50-Jährigen seltsam an, sind aber für Lasker-Schüler typisch. Sie glaubt, für eine wahre Künstlerin sei es nur legitim, sich über alles Faktische hinwegzusetzen. Biografische

Daten verschweigt sie oder dichtet sie nach ihren Vorstellungen um. Dabei verhält sie sich wie ein spielendes Kind: Sie flunkert, lügt, schwelgt, fabuliert, erfindet, übertreibt, sie spricht durch Bilder, macht sich lustig über die begrenzte Welt der Erwachsenen, die sie langweilt.

Schon als Kind sei sie auf den Turm des Elternhauses geklettert und habe, wie sie es in ihrem stark stilisierten autobiografischen Werk *Konzert* erzählt, auf die Menschen unten in den Straßen hinabgeschrien: »Ich langweile mich so!« Ein Haus mit Turm hat es in der Sadowastraße Nr. 7, in dem sie ihre Kindheit verbringt, nicht gegeben. Den Vorsprung des Hauses, der durch einen L-förmigen Grundriss bedingt ist, mag sie in Kindertagen als Turm empfunden haben. Dass sie aber an diesem kindlichen Irrtum festhält, ihn übertreibt wie ein Münchhausen, um sich auf eine höhere Warte stellen zu können als ihre Mitmenschen, zeigt einen wesentlichen Zug ihrer Persönlichkeit. Halb ist sie Münchhausen, halb Till Eulenspiegel. Mit beiden teilt sie den starken Widerwillen gegen das Bürgertum. Sie argwöhnt schon als Jugendliche, dass in ihm eine große Leere herrsche, vor der sie Angst hat.

Später beschreibt sie sich als Wunderkind, das im Alter von vier Jahren habe lesen und schreiben können. Ihre besten Gedichte seien mit Fünf entstanden, behauptet sie als 50-Jährige. Wahre Künstler sind für sie große Kinder. »Es ist unanständig, kein Kind mehr zu sein«, behauptet sie. Sie liebt es, Spielzeug zu sammeln, Schmuck und bunten Tand; sie tritt in extravaganter Kleidung auf, in Maskerade und Kostümen, die für sie sogar Alltagskleidung werden. Sie schlüpft in die Rollen ihrer eigenen Protagonisten, nimmt deren Namen an und lässt sich auch in der Öffentlichkeit mit diesen Fantasienamen ansprechen; zu den wichtigsten gehört der »Prinz von Theben«. Sie spielt mit Jahreszahlen, gibt sich ein ›neues‹ Alter, träumt sich an ferne Orte in biblischen Zeiten.

Spielen ist ihr das Wichtigste; in ihrem Verständnis verbindet das Spiel Kind und Künstler. In dem ersten Brief an Karl Kraus, der ihr ein zuverlässiger Freund und Förderer wird, erklärt sie ihr künstlerisches Selbstverständnis: »Ob man mit grünen, lila und blauen Steinen spielt oder ob man dichtet, das ist ganz dasselbe.«

Dichtung und Leben verweben sich zu einem Teppich, an guten Tagen ist er wunderbar bunt, an anderen grau und zerlumpt. Zeitlebens bleibt Else ein hellsichtiges und naives Kind und eine große Träumerin. So ist es schwer, aus den vielen Legenden, die Lasker-Schüler über ihr Leben verbreitet hat, den Weg nachzuzeichnen, den die Künstlerin und Jüdin in der Zeit zweier Weltkriege zu bestehen hatte.

Als jüngstes von sechs Kinder wird Elisabeth Schüler 1869 in Elberfeld (heute: Wuppertal-Elberfeld) in eine wohlhabende Familie geboren. Ihre Eltern und Verwandten sind assimilierte Juden. Ihr Lieblingsbruder Paul will zum katholischen Glauben übertreten. Die Ausgrenzung bürgerlicher Juden zeigt sich nur versteckt, das hochsensible Kind aber spürt sie auf jedem Schulweg. Die längste Zeit wohnt sie in der Sadowastraße im Briller Viertel, dem reichsten Stadtteil Elberfelds. Ihr Vater, Privatbankier und nach der Wirtschaftskrise 1873 auch im Immobiliengeschäft tätig, sichert die Existenz der Familie aufs Beste ab. Seine Gattin und die Töchter sind elegant gekleidet, die Söhne erhalten eine gute Ausbildung. Das dreistöckige Haus in der Sadowastraße ist zwar nicht mit den großen viktorianischen Villen des Viertels zu vergleichen, bietet der achtköpfigen Familie mit Köchin und Dienstmädchen aber genügend Platz. Nach Haus und »Gärtchen« sehnt sich Else später oft zurück; alle Kindheitserinnerungen in ihrem literarischen Werk sind mit diesem Ort verbunden. Als ihr Dichterfreund Ernst Toller 1925 zu einer Lesung nach Elberfeld fährt, richtet sie es von Berlin aus so ein, dass er ihr »Gärtchen« besucht. Angetan von seiner Schönheit schickt er Else eine weiße Pappschachtel nach Berlin, die mit Kieselsteinen, Kastanienblättern und einer Jasminblüte gefüllt ist.

Mit etwa 13 Jahren verlässt sie die ungeliebte Schule. Else leidet unter Krampfanfällen, dem »Veitstanz«, und erhält zu Hause Privatunterricht. Mit dem Mangel an Schulbildung wird sie zeitlebens kokettieren: »Man feiere meine Unwissenheit!«, verlangt sie als »Kaiser von Theben«. Noch in *Konzert,* einer Sammlung von Gedichten und Geschichten aus den Jahren 1920 bis 1932, behauptet sie: »Ich bin sogar stolz auf meine Dummheiten.«

Zwei schwere Schicksalsschläge hat Else schon früh hinzunehmen: 1882 stirbt ihr Lieblingsbruder Paul – nach ihm wird sie 1899 ihren Sohn benennen – und 1890 die vergötterte Mutter. Dieser Verlust bedeutet für sie die »Vertreibung aus dem Paradies«.

Ohne einer Arbeit nachzugehen, lebt Else bis zu ihrer Verheiratung im Elternhaus. Sehr häuslich ist sie nicht gewesen, wie sich der verwitwete Vater beklagt. Womit die höhere Tochter ihre Tage ausfüllt, ist schwer zu sagen. Vielleicht hat sie angefangen, regelmäßig zu schreiben und zu zeichnen. Später behauptet sie, ihre erste Gedichtsammlung *Styx* habe sie zwischen dem 15. und dem 17. Lebensjahr geschrieben. »Ich hatte damals meine Ursprache wiedergefunden, noch aus der Zeit Sauls, des Königlichen Wildjuden herstammend. Ich verstehe sie heute noch zu sprechen, die Sprache, die ich wahrscheinlich im Traume einatmete«, fabuliert sie.

Ganz gewiss hat sie in ihrer Jugend die Kunst des Tagträumens vervollkommnet. Auf der anderen Seite bildet sich eine tiefe Anhänglichkeit an die Heimat aus, an die »Täler von unsagbarem Glück und schwarzem Glühen.« Die Liebe zur Heimat wird zum Grundstock ihres literarischen Werkes. 1931 veröffentlicht die Schriftstellerin das Gedicht *Aus der Ferne.* Aus ihm spricht ihre Sehnsucht nach dem Bergischen Land, nach »dem Wuppertale«:

»Die Welt, aus der ich lange mich entwand,
Ruht kahl, von Glut entlaubt, in dunkler Hand;
Die Heimat fremd, die ich mit Liebe überhäufte,
Aus der ich lebend in die Himmel reifte.«

Mit 25 Jahren heiratet Else den Arzt Berthold Lasker und zieht mit ihm von Elberfeld nach Berlin-Charlottenburg, in die Brückenallee 16. Das ›verwaiste‹ Elternhaus zu verlassen, fällt ihr nicht schwer, denn Mutter und Bruder fehlen ihr schmerzlich, ebenso die verheirateten Schwestern. In Berlin führt sie zunächst einmal ein ganz bürgerliches Leben in einer hübsch eingerichteten Wohnung. Sie, »der Luftikus«, wie sie von vielen genannt wird, geht nun dem geregelten Tagesablauf einer Hausfrau nach. Noch scheint sie einen Sinn für Besitz und bürgerliche Werte zu haben. Doch bevor Else sich wirklich auf das bürgerliche Leben an der Seite des erfolgreichen Arztes für Haut- und Beinleiden einlässt, gibt sie sich ihren Träumereien hin.

Das Leben als ›Frau Doktor‹ bringt bald die Leere mit sich, vor der es Else graut. Sie mietet in dem Gartenhaus Brückenallee 22 ein Zimmer im Parterre an, das sie ›Atelier‹ nennt, und nimmt Zeichenunterricht bei dem Maler Simson Goldberg. Vielleicht vertraut sie auf eine geheime Begabung oder wendet sich einem neuen Spiel zu. Der Lehrer erinnert sich an ihr Malerstudio als »Gerümpelbude eines Trödlers«, in das Lasker-Schüler alle Gegenstände schleppt, die ihr für einen Moment reizvoll erscheinen. Von seiner Schülerin schreibt Goldberg später, sie sei eine »merkwürdige, geniale Frau mit dem mysteriösen Charakter« gewesen. Er spricht von Depressionen und »nervösen, vulkanartigen Ausbrüchen«. Wie ein Echo auf die Krampfanfälle in der Kindheit klingt das Krankheitsbild, das der Maler hier beschreibt.

Er führt seine nach kulturellem Leben hungernde Schülerin in die literarischen Kreise ein, an denen es in Berlin nicht mangelt. Durch ihn lernt sie den Schriftsteller Peter Hille kennen, von dem sie sogleich fasziniert ist. Nicht nur seine äußere Erscheinung widerspricht allen bürgerlichen Vorstellungen, auch sein Lebenswandel. Selten hat er ein festes Quartier, zieht abends von Café zu Café, in denen junge Leute ihn aushalten. Besitz kennt er nicht, ist immer mittellos und oft dem Verhungern nahe. Seine Armut, in der er sich eingerichtet hat, wird nur manchmal durch Geschenke von

Freunden gemildert. Zu diesem Menschen, zu dieser abgerissenen Gestalt, fühlt sich ›Frau Doktor‹ hingezogen. Hätte Else Lasker-Schüler in die Zukunft schauen können, sie hätte in Peter Hilles Vagabundenleben ihr eigenes erkennen können, das sie bald schon führen wird. Die spätere Armut der Else Lasker-Schüler, die geradezu sprichwörtlich wird, liegt hier bereits vor ihr ausgebreitet. Freiheit und Ungebundenheit sind für sie die höchsten Güter, regelmäßige Mahlzeiten und ein Dach über dem Kopf sind weniger wichtig.

Peter Hille wird ihr Freund und Mentor, der Einzige, den sie je hat. Er fordert sie auf, sich ganz dem Schreiben zu widmen. In seinem bekannten Porträt der Else Lasker-Schüler beschreibt er sie als »der schwarze Schwan Israels, eine Sappho, der die Welt entzwei gegangen ist«. Die gegenseitige Hochschätzung der beiden Dichter ist groß und verstiegen. In *Das Peter Hille Buch,* das Lasker-Schüler 1906 nach dem Tod des Freundes veröffentlicht, stilisiert sie ihn zu ihrem Propheten. Durch ihn erhält sie den entscheidenden Impuls, das bürgerliche Leben für immer hinter sich zu lassen. Beide teilen die Sehnsucht nach Unmöglichem, den Hass auf alle Gegebenheiten und eine irrationale, tiefe Religiösität – leider auch das Unvermögen, mit Geld umzugehen.

In derselben Zeit, in der sich Lasker-Schüler aus der Sicherheit einer bürgerlichen Ehe entfernt, versucht Berthold Lasker, sich in Berlin als Arzt zu etablieren, nicht abgeneigt, sein Haus für Literaten und Kollegen zu öffnen, die interessante Vorträge halten. Trotzdem wird die Beziehung für Else unerträglich, da es in ihr keinen Raum für »Prinzen«, »Häuptlinge« und »wilde

Juden« gibt. Als die Ehe 1903 geschieden wird, wohnt Else schon lange mit ihrem Söhnchen Paul, das 1899 geboren wird, in einer eigenen Wohnung, die Lasker finanziert. Er wohnt in der Schlüterstraße 58, sie in derselben Straße Nummer 62. Noch will Else die Vorteile der Bürgerlichkeit nicht ganz aufgeben, auch eine teure Zahnbehandlung lässt sie sich von ihm bezahlen.

Über den Vater Pauls gibt sie in ihrer eigenen Weise Auskunft. Karl Kraus gegenüber erklärt sie, es sei der Grieche Alcibiades de Rouan, Gottfried Benn gegenüber, er sei ein spanischer Prinz.

Stolz und arm, mittlerweile den Unterhalt für sich und ihren Sohn allein erwirtschaftend, zerrissen in der Liebe zu dem Kind und der Schriftstellerei, kämpft sie sich durchs Leben. In Berlin, der »kalten, unerquicklichen Stadt«, fühlt sie sich lange fremd. In dem Gedicht *Heimweh* aus der Sammlung *Mein Herz* von 1912 gibt sie diesem Lebensgefühl Ausdruck:

»Ich kann die Sprache
Dieses kühlen Landes nicht,
Und seinen Schritt nicht gehn.
Auch die Wolken, die vorbeiziehn,
Weiß ich nicht zu deuten.«

1902 erscheint ihr erster Lyrikband *Styx*, eine Sammlung von über 60 Gedichten. Jubelnd nimmt sie ihn in Empfang. Über den Ort der Entstehung berichtet sie: »Hinter Holzgittern wohnte ich zur Zeit des ersten Buches in einem ehemaligen Flaschenraum, in einem der Käfige des Kellers, den der Portier mir geheimnisvoll, aber großzügig für 75 Pfennige monatlich auf seine

Rechnung und Gefahr vermietet hatte. Und als ich gelegentlich in einem Kreise meinen Traum erzählte, der mich oftmals in der Nacht beschlich, sorgten die betroffenen Anwesenden für ein wirkliches Zimmer. Ich träumte, ich sei Gemüse – kam eine Ratte, eine große, schwarze Ratte, beknabberte mich.«

Völlig unrealistische Vorstellungen hat Lasker-Schüler über die Honorare, die Verlage ihren Autoren zahlen. Sie glaubt, ein gutes, ›wahres‹ Buch mache den Dichter reich, nicht den Verleger. Schnell wird sie eines Besseren belehrt. In *Ich räume auf! Meine Anklage gegen meine Verleger* gibt sie einen bitter-ironischen Bericht ihrer Situation. »Für meine drei Bücher, für den Styx, für das Peter-Hille-Buch, für die Nächte der Tino von Bagdad, erhielt ich im Ganzen? Raten Sie, h. P.? 100 Mark, d. h. für zwei der drei Bücher habe ich nie einen Pfennig von Juncker empfangen.«

Für die Gesetze des Literaturbetriebs allerdings hat Lasker-Schüler das richtige Gespür: Sie platziert ihre Neuerscheinungen bei allen wichtigen Persönlichkeiten und verändert ihr Geburtsjahr von 1869 auf 1877. Sie weiß: Je jünger die Autorin, desto größer ihre Beachtung. Beachtung aber findet sie vor allem bei Schriftsteller-Kollegen, denn sie ist eine »Dichterin für Dichter«, wie Erika Klüsener in ihrer Monografie schreibt.

Noch im Jahr der Scheidung von Lasker heiratet Else den fast zehn Jahre jüngeren Herwarth Walden. Er ist Schriftsteller, Komponist und Herausgeber der expressionistischen Zeitschrift *Der Sturm*. Auch er kommt aus einem wohlhabenden Elternhaus. Die erste gemeinsame Wohnung in der Ludwigskirchstraße 1 zeugt noch von Wohlstand. Aber die finanzielle Lage der

Künstlerfamilie verschlechtert sich zusehends. Mehrere Umzüge werden notwendig, immer in Gartenhäuser, da in ihnen die Mieten geringer sind. Ihre letzte Adresse ist die Katharinenstraße in Halensee. Söhnchen Paul wird vor- und nachmittags für drei Stunden in den Tiergarten geschickt, in dieser Zeit kann Else arbeiten. Gab es in der bürgerlichen Arztehe für die Schriftstellerin zu wenig Spielraum, so gibt es in der Künstlerehe bald zu viele Nöte und Katastrophen. Nach jahrelanger Zerrüttung wird die Ehe 1912 geschieden.

Krank, von ihrem zweiten Mann verlassen, ohne finanzielle Mittel, begibt sich Else wieder in eine Fantasiewelt, die sie vor den Härten des Lebens schützen soll: »In der Nacht meiner tiefsten Not erhob ich mich zu Prinzen von Theben.« Walter Muschg konstatiert in einem einfühlsamen Essay: »Von Anfang an war dieses Märchengeflunker ein Heilmittel gegen die Schwermut gewesen.«

Die Auswirkungen des Ersten Weltkriegs bedrücken Else Lasker-Schüler ganz besonders. Das Nachtleben der Künstlerboheme in Berlin, das Else so genossen hat, löst sich auf und enge Vertraute fallen wie Franz Marc 1916. Ihr Freund Georg Trakl bringt sich 1914 um, die Kriegserlebnisse haben ihn unrettbar traumatisiert.

Nach der Scheidung von Walden gelingt es Else Lasker-Schüler nicht mehr, eine Wohnung zu mieten. Ihr fehlt es an Geld, Geduld und Ordnungssinn. Sie lebt künftig nur noch in Hotels, Pensionen und schäbig möblierten Zimmerchen. »In den Winternächten, wie oft habe ich im Dunkel des Zimmers meine Bettvorlage wie ein Dieb vom Fußboden aufgehoben und schob sie noch über die fremde dünne Decke. Ich begann vor

Hunger tiefer zu atmen, trank die Luft und kaute an ihrem Balsam.«

1910 schreibt sie an Karl Kraus: »Ich kann Ihnen nicht sagen, lieber Herzog, wie schrecklich erbärmlich wir leben.« Karl Kraus unterstützt die Poetin, ohne eine Gegenleistung zu erwarten. 1913 erscheint in seiner berühmten Zeitschrift *Die Fackel* ein Spendenaufruf für die mit »schweren Sorgen kämpfende Dichterin.« Er wird von Selma Lagerlöf, Richard Dehmel, Karl Kraus, Arnold Schönberg und vielen anderen unterzeichnet. Die Aktion bringt der Schriftstellerin 4000 Mark ein. Auch in anderen Städten sammelt man für sie, wie aus einem Brief von Franz Kafka an seine Verlobte Felice Bauer vom November 1903 hervorgeht. Kafka, der Lasker-Schüler bei einer Lesung in Prag kennengelernt hat, glaubt, sie führe ein reines Vagabundenleben: »Ja, es geht ihr schlecht, ihr zweiter Mann hat sie verlassen, soviel ich weiß, auch bei uns sammelt man für sie; ich habe 5 K. hergeben müssen, ohne das geringste Mitgefühl für sie zu haben; ich weiß den eigentlichen Grund nicht, aber ich stelle mir sie immer nur als eine Säuferin vor, die sich in der Nacht durch die Kaffeehäuser schleppt.« Freunde und Kollegen ahnen nicht, dass ihr mit Geld nicht zu helfen ist, da sie alles, was man ihr gibt, weiterverschenkt.

Else Lasker-Schülers kindliche Rollenspiele und ihre Maskerade müssen gerade in Kriegszeiten auf starke Ablehnung gestoßen sein, nicht nur bei den Berlinern, die sie für verrückt halten, sondern auch bei manchen Kollegen und Freunden. Auf der einen Seite leidet Lasker-Schüler unter dem Unverständnis der Leute, auf der anderen bestärkt es sie darin, sich für eine

Auserwählte zu halten, die mitten unter Ungläubigen die Einzige ist, die an die Macht der Fantasie glaubt.

Und noch immer verzaubert sie die Welt um sich herum, macht tiefen Eindruck auf Männer. Gottfried Benn, Arzt und Dichter, schreibt rückblickend: »Es war 1912, als ich sie kennenlernte ... Sie war klein, damals knabenhaft schlank, hatte pechschwarze Haare, kurz geschnitten, was zu der Zeit noch selten war, große rabenschwarze bewegliche Augen mit einem ausweichenden Blick. Man konnte weder damals noch später mit ihr über die Straße gehen, ohne dass alle Welt stillstand und ihr nachsah: extravagante weite Röcke oder Hosen, unmögliche Obergewänder, Hals und Arme behängt mit auffallendem, unechtem Schmuck ... Sie aß nie regelmäßig, sie aß sehr wenig, oft lebte sie wochenlang von Nüssen und Obst.« Wieland Herzfelde erinnert sich an ihr Auftreten bei Lesungen: »voller Sinnlichkeit, ich hätte das gar nicht gedacht, da sie schon 38 Jahre alt war.« Bei allen Gelegenheiten in der Öffentlichkeit gibt Else ihr ›neues‹ Alter an, in Wirklichkeit ist sie also 45, als der junge Mann von ihr schwärmt.

Es gibt viele Rezensenten, die sich angezogen fühlen, aber sie betonen eher das Fremde: »unheimlich glühende Augen«, die »unverkennbar dämonisch« sind, das Gesicht von einer »orientalischen Sinnlichkeit«, der Körper hat »etwas Schlangenhaftes.« Die Beschreibungen deuten auf eine tiefe Ambivalenz der Männer gegenüber dieser besonderen Frau. Nach der Machtergreifung der Nationalsozialisten 1933 verwandelt sich diese Zweideutigkeit zu einer erzwungenen Eindeutigkeit. Lasker-Schüler wird auf offener Straße von Nazi-Rowdys bedrängt und am Ende mit einer Eisenstange geschlagen.

Dass sie 1932 den Kleist-Preis für ihr Gesamtwerk erhalten hat, interessiert ein Jahr später keinen Nationalsozialisten mehr. Die Auszeichnung kann ihre Lebensbedingungen nicht zum Besseren wenden: Ihre Zeit in Deutschland ist abgelaufen.

Überstürzt und mittellos verlässt die Lyrikerin Deutschland und emigriert in die Schweiz. In Zürich findet sie Unterkunft im Augustinerhof. Die Kälte in ihrem Zimmer, das ihr wie eine Mönchszelle vorkommt, treibt sie auf das warme Postamt; dort schreibt sie ihre täglichen Briefe. Oder sie sitzt stundenlang an der Heizung im ersten Stock des Hotels und dämmert vor sich hin. In Zürich wird sie zwar vom Jüdischen Kulturbund unterstützt, erhält aber Arbeitsverbot. Nicht einmal ihre farbig kolorierten Zeichnungen darf sie verschenken, weil es einer Gewerbstätigkeit gleich gekommen wäre. Für schlecht honorierte Vorträge muss sie außerdem noch Bußgelder zahlen. Trotzdem gelingt es ihr, kleinste Summen zu sparen, die sie umgehend der notleidenden jüdischen Verwandtschaft in Deutschland zukommen lässt. Die nun 65-Jährige ist oft krank, hat schreckliches Heimweh und hungert.

Eine Frau, die von sich gesagt hat: »Ich kann nicht leben ohne Wunder« und keine Wunder mehr erlebt, sondern nur noch Verwundungen, muss zerbrechen. So geschieht es mit Else Lasker-Schüler. Das Liebste ist ihr genommen, als Paul 1927 an Tuberkulose stirbt. Sein Tod hinterlässt ein schweres Schuldgefühl aufgrund versäumter Mutterpflichten und stürzt Else immer wieder in Angstzustände. Nach diesem Verlust gibt es für sie keinen Weg mehr zurück in die Welt des Prinzen von Theben. Der Tod des Sohnes entzaubert den ganzen

Hofstaat ihrer Fantasiegeschöpfe. Sie verliert die Wundergläubigkeit, die sie wie ein Kind aus sich selbst geschöpft hat, und ihre Frömmigkeit tritt stärker hervor. Ihre Gedichte verlieren den Überschwang, sie werden tiefer und ernster.

Da die Schweiz nicht gerade dafür berühmt ist, mittellose Menschen freundlich zu beheimaten, fühlt sich Else Lasker-Schüler in Zürich zwar sicher, aber fremd. Für ein kindlich naives Gemüt wie ihres ist das Gefühl der Fremdheit kaum zu ertragen. In der Einsamkeit des Exils träumt sie noch einmal von einem Ort der Wunder: von Palästina. Sie unternimmt zwei Reisen dorthin, 1934 und 1937. Als sie nach der dritten, 1939, kurz vor Kriegsausbruch wieder in die Schweiz zurückkehren möchte, verweigert ihr die Eidgenössische Fremdenpolizei jeglichen Aufenthalt aus »vorsorglich armenpolizeilichen Gründen, – Überfremdung.«

Ungewollt ist sie jetzt Exilantin im Land ihrer Träume. Doch dieses Land sieht ganz anders aus als in ihren Träumen. Es ist unbefriedet, arm, und der größte Teil der Bevölkerung lebt in primitivsten Verhältnissen. »Es ist zu schwer für mich unterm Volk hier. David wär – auch abgereist.« In diesem Ausspruch kommen Bitternis und ihr Schalk zum Ausdruck. Bei allem Unglück, das ihr widerfahren ist, verliert sie nie ihren ›sozialen Blick‹ für andere und anderes.

Mit letzter Energie versucht die 70-Jährige ein wenig Glanz in ihr Leben zu bringen: Sie liest in Jerusalem, Haifa, Tel Aviv und sie gründet die Verbindung *Der Kraal.* Das Zusammentreffen von Künstlern, Wissenschaftlern, Journalisten, Archivaren und Ingenieuren, die unter ihrer Leitung Vorträge halten, beflügelt sie.

Doch die Zeiten in Jerusalem werden schwieriger, ihr Gesundheitszustand wird schlechter und die Treffen werden seltener.

Am Ende muss sie es in dem einen Zimmer in der Rehov Hama'alot aushalten, in einem ärmlichen, schlecht isolierten Mehrparteienhaus, in dem sie zur Untermiete wohnt. Gegen ein Dach über dem Kopf hat sie ihre Freiheit eingetauscht, drangsaliert von ihrer Zimmerwirtin. Ein Freund, der sie im Februar 1942 besucht, gibt ein Bild von der Ärmlichkeit ihrer letzten Behausung. In ihr existiert nur »ein normaler Stuhl«, die Decke ist »spinnwebverhangen«, der Nachttopf steht neben dem Klapptisch mit Wachstuchdecke. Durch den Raum ist eine Schnur gespannt, an der Lappen trocknen. Die Fenster sind, wegen der Kälte, mit Wachstuch verhängt. Eine »Handvoll Bücher füllen nicht einmal ein Brett«. Das geliebte Spielzeug, mit dem sich Else Lasker-Schüler immer umgeben hat, besteht nur noch aus einem geflochtenen Strohkamel und einem blechernen Märchenpferd.

In diesem Zimmer, zwischen Spinnweben und Nachttopf, einem verwanzten und verlausten Bett, das jeden Morgen auf die Straße geschleppt und ausgeklopft werden muss, schreibt Else Lasker-Schüler ihre letzten Gedichte. Sie vervollkommnet damit die Sammlung *Mein blaues Klavier*, die sie in Zürich zu schreiben begonnen hat und die sie nun in Jerusalem fertigstellt. An ihrem Ende, in den härtesten Zeiten des Exils, übertrifft die Dichterin sich selbst und schenkt der Nachwelt ihre besten Gedichte. 1943 wird dieser bemerkenswerte Gedichtband in Jerusalem von Moritz Spitzer, dem ehemaligen Assistenten von Martin Buber, herausgegeben.

In fast allen Texten ist von Heimatlosigkeit und Tod die Rede, so auch in *Die Verscheuchte:*

> »Wo soll ich hin, wenn kalt der Nordsturm brüllt?
> Die scheuen Tiere aus der Landschaft wagen sich
> Und ich vor deine Tür, ein Bündel Wegerich.«

Als die alte Frau erkennen muss, dass ihre Sehnsucht nach Jerusalem nichts mit der Wirklichkeit zu tun hat, ist das für sie die letzte Vertreibung aus dem Paradies. Nun ist sie endgültig heimatlos.

Das Damenzimmer

Elisabeth Langgässer
(1899–1950)

Die Familie Langgässer-Hoffmann lebt von 1935 bis 1948 in der Berliner Eichkamp-Siedlung am Rande des Grunewalds. Elisabeth Langgässer liebt ihr Haus und ihren Garten, die ländliche Atmosphäre der Siedlung und den angrenzenden Wald. Sie ist der Natur tief verbunden; der Schöpfung Gottes nah zu sein, sich in ihr zu verlieren und wieder zu sammeln, bedeutet für sie größtes Glück. Die Natur ist Trösterin und Muse zugleich, von Kindesbeinen an, und sie wird es ihr Leben lang bleiben.

»Mit jedem Kummer« ist sie »in den Wald gelaufen, und die fromme Gelassenheit der Bäume, Wolkenzug und die Bewegung der Gräser, die sich dem Wind hingeben, haben mich getröstet und ihre sanfte Melodie in mein Herz gesungen …«

Über ihr Haus, das »Eichkatznest«, schreibt sie: Es ist »wunderbar still und schön bei uns, und wenn die Herbstsonne in den Zimmern liegt, auf den hellen Wänden und den antiken Möbeln, ist alles unsagbar verwunschen und verzaubert wie in einem süddeutschen Schlösschen am Main. Da der Wald nur 5 Minuten vom Haus ist, haben wir eine herbe, ganz unstädtisch

kräftige Luft und das nächtliche Rauschen der Kiefern vor unsrem Fenster.«

Keineswegs aber sucht Langgässer am Stadtrand die Einsamkeit oder ›das einfache Leben‹. Vielmehr erinnert sie der Standort an ihre Kindheit, die sie in dem Kreisstädtchen Alzey verbracht hat, umgeben von Feldern und Weinbergen. Sich im Grenzgebiet zwischen Wildnis und Zivilisation aufzuhalten, ist für ihr Leben und Schreiben notwendig.

Sie liebt die Geselligkeit, Besuch ist ihr jederzeit willkommen; sie legt Wert auf einen »gepflegten Haushalt« und ist selbst, wie sich das damalige Pflichtjahrmädel erinnert, das seinen Arbeitsdienst in der Familie Langgässer-Hoffmann ableistet, »eine sehr extravagante und elegante Frau«, die »schicke Hosen« trägt und »sehr gut geschminkt« ist. Hosen zu tragen war damals für Frauen nicht üblich, sich zu schminken verpönt.

Langgässer genießt ein solches Ansehen als Autorin bei ihrem Mann und der Familie, dass ihr selbstverständlich ein eigenes Arbeitszimmer zugestanden wird, während sie und ihr Mann auf einer Couch im Wohnzimmer nächtigen müssen. Oft zieht sie sich in ihr ›Damenzimmer‹ zurück, um dort an einem antiken Schreibtisch zu arbeiten. Als Schreibgerät dient ihr eine goldbemalte Garnitur aus feinstem Rokokoporzellan. Der Blick aus ihrem Fenster geht auf den Garten, der im Sommer bunt von Blumen und Obstbäumen, im Winter tiefgrün von Nadelbäumen ist.

Der Schriftstellerin Oda Schaefer, die eine enge Freundin der Familie ist und sie oft besucht, erscheint Langgässers Arbeitszimmer als der anmutigste Raum des Hauses »mit altrosa Taftgardinen, Barockleuchtern, den Porträts der Großeltern und einer arkadischen Landschaft auf einem illuminierten Stich, der ihrem Vater, dem großherzoglichen Baurat Eduard Langgässer in Alzey gehört hatte.«

Wären nicht die schrecklichen Zeitumstände, die die Familie Langgässer-Hoffmann mit Macht einholen, und die kräftezehrende Hausarbeit, könnte man die Arbeitsbedingungen der Autorin für ideal halten.

Am 30. Juli 1939 schreibt sie an Martha Friedlaender, die im Laufe ihres Lebens eine wichtige Freundin wird, von den täglichen Pflichten als Hausfrau, die sich um eine Großfamilie kümmern muss und kaum noch Zeit und Kraft für das Schreiben findet: »Bedenken Sie: wir sind jetzt eine Familie mit zweiundeinhalb Kindern, einem Schwager, einer 80-jährigen Großmutter und zwei Angestellten – also acht Menschen insgesamt und im Januar, so Gott will, gar neun, von denen ich höchstpersönlich ein Drittel in die Welt gesetzt habe. Dazu kommt der Rahmen des Häuschens, des Gartens, der Geselligkeit, die Diätküche für meinen Bruder und meine Mutter, ein Schulkind, dieses Schulkind selbst mit seinen Aufgaben und seinen wachsenden Bedürfnissen nach geistiger Führung, ein Säugling, zweimal in der Woche Windelwäsche und zweimal im Monat reguläre Erwachsenenwäsche und Plätterei … Sie sehen, liebste Freundin, allein das Durchdenken und Organisieren eines solchen Betriebs … wäre genug gewesen, um einen Menschen verzweifeln oder im Alltagsdreck untergehen zu lassen – nun aber kam noch hinzu, dass ich entweder vor der Alternative stand, meine Arbeit aufzugeben oder aber auf das zu verzichten, was man einen ›gepflegten Haushalt‹ nennt – und ich war so töricht, trotz R.'s

Gegenwehr diesen ›gepflegten Haushalt‹ mit den blitzenden Türklinken durchsetzen zu wollen – auf Kosten meiner Arbeit, meiner Seelenruhe und sogar manchmal meiner Ehe. Ich habe wütend gegen mich selbst gelebt, in einem falschen, verbissenen Ehrgeiz und noch dazu mit unzulänglichen Mitteln – immer wieder gewarnt von Tränenausbrüchen, Nervenerregungen und Depressionen, aber ich konnte nicht davon ablassen, ehe Gott sich endlich über so viel Unvernunft erbarmte und mir Hilfe schickte, als ich ganz real unterzugehen drohte …«

Völlig überlastet durch den Haushalt, sie bezeichnet sich selbst als »eine bittere, mühselige und recht nervöse Hausfrau«, bedrückt von den Ansprüchen einer »nervenkranken« Mutter, müde durch ihre Schwangerschaft, arbeitet Langgässer trotzdem mit eisernem Willen an ihrem Roman *Das unauslöschliche Siegel,* der ihr Hauptwerk werden wird und 1947 erscheint. Ohne die Hilfe ihres Mannes, Wilhelm Hoffmann, der alle Reparaturen im Haus erledigt, die schweren Arbeiten im Garten übernimmt und am Abend Elisabeths Manuskript in die Schreibmaschine tippt, ist ihre Produktivität nicht zu denken. Immer wieder ermuntert und unterstützt er seine Frau, die Hausarbeit zurückzustellen, um der Schreibarbeit willen. Voller Respekt äußert er: »Das andere ist ein Leben im Geist; es ist die stets erneute Bemühung eines strengen Dienstes am Wort; die Askese der produktiven Arbeit und der Fluch der Ungenügsamkeit, wenn es gilt eine Sprachvision zu verdichten, einem Gedanken Realität, einem Vers das äußerste Maß an Prägnanz und Schlüssigkeit zu geben.«

Auch wenn Langgässer einer Großfamilie vorsteht, so hat sie doch Hilfspersonal, welches das Regime der

Nationalsozialisten Familien zur Verfügung stellt. Die ihr eigene Konzentrationsfähigkeit schließt sie ab von den Geräuschen, Ansprüchen, der Geschäftigkeit des Hauses: »Wenn sie im Garten saß und schrieb, da war sie dann ganz versunken, da hat sie ringsum gar nichts interessiert«, so das Pflichtjahrmädel.

Ihr Nachbar, der angehende Autor Horst Krüger, schwärmt: »Ich sehe sie drüben im Garten sitzen ... auf einer weißen Gartenbank, als ob sie im Park eines Schlosses säße ... sie hat einen Stoß Papier auf den Knien und schreibt. Was sie schreibt, kann ich nicht sehen. Ich sehe nur, wie in großen runden Schwüngen ihr schwarzer Füllfederhalter wie rasend über die Papierbögen hüpft ... Blatt auf Blatt nimmt sie so auf, legt es beschrieben neben sich auf die Bank, ganze Stöße entstehen so an einem Vormittag.«

Das bürgerliche Leben bietet Langgässer Schutz und fördert gleichzeitig ihre Arbeit. Doch die politische Realität in Deutschland, vor der sie sich gern verschließen möchte, nimmt eine Entwicklung, die für die Familie gefährlich wird. Die Politik bricht in ihr Haus ein, das die Familie so zärtlich ›das Eichkatznest‹ nennt. Nichts wird in den nächsten Jahren so bleiben, wie es war, nur der eiserne Wille der Autorin zu schreiben.

Elisabeth Langgässer, deren Vater getaufter Jude ist, gilt nach den Nürnberger Gesetzen, die 1935 erlassen werden, als Halbjüdin, ihre uneheliche Tochter Cordelia aber als Dreivierteljüdin, was so viel heißt wie Volljüdin. Die Sanktionen gegen Juden und sogenannte Mischehen verschärfen sich. 1936 wird Langgässer aus der Reichsschrifttumskammer ausgeschlossen, deren Mitgliedschaft sie 1933 erworben hat. »Ich bin tot und ausgelöscht für den Bezirk der Reichsschrifttumskammer. Dass ich arbeite, als lebte ich trotzdem, ist selbstverständlich – verbiete der Drossel das Singen ohne den Zulassungsbescheid!«

Die siebenjährige Cordelia Langgässer erhält den Familiennamen Hoffmann, in der bürgerlichen Vorstellung, dass der Name eines Ariers sie schützen könne. Elisabeth Langgässer will nicht wahrhaben, dass das totalitäre Regime gerade daran größtes Interesse hat, alles Bürgerliche zu zerschlagen. Ihre Klassenkameradin Marianne Friedlaender, mit deren Mutter sie einen regen Briefaustausch unterhält, ist als Halbjüdin längst emigriert, ebenso der enge Freund Karl Thieme. Zu diesem Schritt äußert sich Langgässer nicht mit einem Wort. Sie hält an dem alten Leben fest, so weit das möglich ist.

Sie unterschätzt die Gefahr, in der Cordelia schwebt. Zwar unternimmt das Ehepaar ernsthafte Rettungsversuche; den Vorschlag aber, das Kind zu Schweizer Bekannten zu schicken, schlägt die Mutter aus. Als die 14-Jährige am 10. März 1944 deportiert wird, spricht Langgässer von einem unerwarteten Ereignis, dass sie »wie ein Blitz aus heiterem, zumindest aber ahnungslosem Himmel« getroffen habe. Den Brief, den Martha Friedlaender – von Elisabeth Martina genannt – kurz nach dem 13. März von ihr erhält, ist in einer Weise beschönigend, die man kaum fassen kann. Sonja Hilzinger, ihre Biografin, spricht von Realitätsverleugnung.

»Meine liebe Martina!«, schreibt Langgässer, »heute habe ich Dir viel schlimme und traurige Dinge zu berichten. Zuerst das kleinere Übel: ich bin seit 14 Tagen ohne Mädchen … und an mir hängt einfach alles:

Putzen, Kochen, Einholen, Feuern, Wäsche – alles, alles … Und zu dieser äußerlich schwarzen und unhaltbaren Situation kam nun noch Delias Evakuierung nach Theresienstadt wie ein Blitz aus heiterem, zumindest aber ahnungslosem Himmel!! Am letzten Mittwoch schickte sie uns eine ihrer Kameradinnen und bat noch um verschiedene Kleinigkeiten, und am Freitag früh ging der Transport ab. Wir fanden sie vollkommen gefasst, ja sogar fröhlich und zuversichtlich, denn erstens war es ja wirklich ›nur‹ Theresienstadt [und nicht etwa Polen] und zweitens ging sie als Säuglingsschwester und begleitendes Sanitätspersonal mit dem Zug, hatte zwei Kinder und einen Säugling zu betreuen und war bereits in Tracht und Häubchen, was sie, glaube ich, mit großem Stolz erfüllte …«

Die anschließenden Depressionen und Schuldgefühle der Mutter sind gravierend. Einer Freundin gegenüber gesteht sie: »Delia ist für mich in den Tod gegangen.« Vielleicht hat Langgässer die Rettungsversuche Cordelias halbherzig betrieben, da sie für dieses uneheliche Kind schon während der Schwangerschaft tiefste Ambivalenz empfand. Die Zeitumstände und die Rassenideologie der Nazis, deren Machtübernahme sie zunächst sogar begrüßt hat, beeinflussen sie in vielerlei Hinsicht. Von ihrem Ehemann, Wilhelm Hoffmann, den sie 1935 heiratet, wünscht sie sich einen blonden Sohn; im Gegensatz zu der dunkelhaarigen Tochter von Hermann Heller, die den Judenstern tragen und mit zwölf Jahren als untragbare Last die Familie verlassen muss. Sie wird in anderen jüdischen Haushalten untergebracht, geht von dort in eine jüdische Schule und darf nur noch ungesehen ihr Elternhaus besuchen.

Elisabeth Langgässers Wunsch nach einem Sohn wird nicht erfüllt; stattdessen erleidet sie mehrere Fehlgeburten. Tiefste Abgründe tun sich vor ihr auf, sie konstruiert eine Schuld, die sie nie begangen hat. Da sie dem Wunsch ihres Geliebten, Hermann Heller – er ist ein verheirateter Mann –, das Kind abzutreiben, nicht nachgekommen war, empfindet sie die Fehlgeburten als Strafe »der Natur oder des Schicksals.«

Die darauffolgenden Geburten der drei Töchter beschäftigen die glückliche Mutter so weitgehend, dass sie Cordelia vernachlässigt. 1938 kommt Annette zur Welt, 1940 Barbara, 1942 Franziska. Sie sind blond, brünett, blauäugig, »vierteljüdisch« und deshalb nicht gefährdet. Um für ihre kleinen Geschwister im Kinderzimmer Platz zu machen, muss Cordelia ins Dachgeschoss zu den Haus- und Pflichtmädchen ziehen. Die Ausgrenzung in der Familie Langgässer-Hoffman nimmt damit ihren Anfang. Schon einmal ist Cordelia etwas Ähnliches widerfahren. Ihre ersten Lebensjahre musste sie in einem Berliner Kinderheim verbringen, während die ledige Mutter als Dozentin an einer Sozialen Frauenfachschule lehrt. Als Langgässer die Kleine 1933 endlich wieder zu sich nehmen kann, klagt sie: »Cordelia! ein Jahrmarktsbläschen; immerzu quiekend. Gestern bin ich einfach in Tränen ausgebrochen. Ich konnte den Lärm nicht mehr aushalten ... Eins steht fest. Man hat ein Kind – dann ist das ein vollkommen ausgefüllter Tag. Oder einen Beruf – dann muss man das Kind in andere Hände geben ...«

Wie durch ein Wunder überlebt dieses Kind Theresienstadt und Auschwitz. Von dem grauenhaften Alltag in den beiden Konzentrationslagern lesen wir in dem autobiografischen Bericht *Gebranntes Kind sucht das Feuer* von Cordelia Edvardson, der 1986 in Deutschland erscheint und großes Aufsehen erregt.

Auch Wilhelm Hoffmann gerät durch nationalsozialistische Sanktionen immer stärker in Bedrängnis. Schon vor seiner Heirat 1935 beendet er seine Tätigkeit beim Berliner Rundfunk, da ihm jede Gestaltungsmöglichkeit des Programms genommen ist. Durch die Gleichschaltung, die die Nazis bald nach ihrer Machtergreifung durchführen, bringen sie alle öffentlichen Einrichtungen unter ihre Kontrolle. Das bedeutet für viele Künstler und demokratisch denkende Menschen das Ende ihrer Laufbahn. Durch die Vermittlung seines Schwagers, Heinrich Langgässer, erhält er 1938 in der Personalabteilung der Firma Siemens eine Anstellung, die er 1944 verliert. Außerdem wird ihm nahegelegt, sich von seiner Frau scheiden zu lassen, man droht ihm mit Zwangsscheidung nach dem Endsieg. Das Schicksal Cordelias, die harten Kriegs- und Hungerjahre zehren an dem tiefreligiösen Mann, er verfällt häufig in Depressionen.

1945 wird das Haus im Eichkatzweg ausgebombt, die Familie findet Schutz in einem Gartenbunker. Langgässer leidet unter schweren Schüben Multipler Sklerose, die sich schon 1942, nach der Geburt ihrer Tochter Franziska, angekündigt hat. Allen Widrigkeiten zum Trotz, schließt sie im Oktober ihren Roman *Das unauslöschliche Siegel* ab und erhält vom Eugen Claasen Verlag die Zusage zur Veröffentlichung.

Ein Fazit dieser Zeit zieht sie gegenüber ihrer Freundin Liesel: »Wenn ich das letzte Jahr überdenke: es war fürchterlicher als zehn Jahre Zuchthaus! Welche Ängste, welche Not, Qual, Todesgefahr, Mühsal, Hunger, Kälte, innere Verlassenheit! Und inmitten all dieser Schrecken doch immer: welch wunderbare Führung und Fügung; wie deutlich die Hand und der Finger Gottes! Dann das Jahr, in welchem das große Werk beendet wurde – und ein neues begonnen.«

Die Nachkriegsjahre werden für die Autorin ganz besonders produktiv. Der Kulturbetrieb bringt Langgässer endlich die Aufmerksamkeit entgegen, die sie sich immer gewünscht hat. Jetzt gilt sie als wichtigste deutschsprachige Schriftstellerin, und sie genießt ihren »schwindelhaft hohen und glänzenden Aufstieg«. Bei Lesungen und Vorträgen kann sie gute Honorare fordern, die ihr auch gezahlt werden. Trotzdem steht sie unter Druck, denn sie ist die Ernährerin ihrer fünfköpfigen Familie.

1945 beginnt sie mit dem Roman *Märkische Argonautenfahrt,* 1946 mit der Kurzgeschichtensammlung *Der Torso.* Bei dem ersten deutschen Schriftstellerkongress 1947 in Berlin wird gerade auf ihre Stimme großen Wert gelegt. Als müsse sie das kulturelle Leben nachholen, das ihr, wie den meisten Menschen in Deutschland, während der Diktatur verwehrt geblieben ist, stürzt sich Langgässer in vielerlei Aktivitäten. Sie unternimmt Lesereisen, hält Vorträge, arbeitet für den Rundfunk und schreibt Artikel für Zeitungen. Trotz dieser Tätigkeiten, die ihre Tage ganz ausfüllen, sehnt sie sich immer stärker zurück in die Heimat, in ihren »geliebten Südwesten«. »Ich habe Berlin satt; ich habe es ausgelebt«, so äußert sie sich am Ende des Jahres 1947.

Ostern 1948 gelingt ihr mit der Unterstützung der französischen Militärverwaltung endlich der Umzug in die Heimat. Allerdings müssen Möbel, Hausrat und vor allem die Bibliothek zurückgelassen werden. Erst ein Jahr später, als die Berlin-Blockade aufgehoben wird, erhält die Familie ihr Hab und Gut.

Die ersten Wochen in der französischen Zone verlaufen chaotisch: Eine Wohnung muss gesucht und gefunden werden. Das Ehepaar kommt bei der Freundin Liesel Andre unter. »Wenn ich nur erst einmal einen Schreibtisch unter dem Allerwertesten hätte und ein ruhiges Zimmer! Ruhe, Wärme, Zucker und Bohnenkaffee!«, schreibt Langgässer Anfang April. Ende April bekommt die Familie eine Wohnung in dem südpfälzischen Dorf Rheinzabern zugewiesen. Sie liegt im ersten Stock eines Gasthauses mit Metzgerei und kann ohne Möbel nicht bezogen werden; also wohnt man notgedrungen im Gasthaus.

Die Kinder genießen die Freiheit des Landlebens, ihre Mutter stürzt sich in die Arbeit. »Für gewöhnlich arbeite ich in dem großen Bauerngarten hinterm Haus; man geht durch die Scheuer und an den Ställen entlang, bis man hinkommt: ein köstliches Stückchen Erde mit einem wundervollen Blick über die Felder bis zum Waldrand, umschlossen von den hohen Tabakscheuern des Dorfes, und anschließend an deren Bauerngärten.«

Den ganzen Sommer über schreibt Langgässer draußen: »In dieser ruhigen, warmen Atmosphäre wächst meine Arbeit, vor allem der Roman.« Das Zimmer im Gasthaus flieht sie, so oft sie kann. Seine Einrichtung empfindet sie als abstoßend. Erst am Jahresende kann die Familie, mit den von Martha Friedlaender zur Verfügung gestellten Möbeln, in die Wohnung umziehen.

Hier stellt Langgässer ihren Schreibtisch wieder so auf, dass der Blick »schräg durch das Fenster in die bezaubernde Weite des Pfälzer Landes führt, eingetaucht in märchenhaft zarte und tiefe Farben an einem immer wechselnden Horizont, der von einem Waldstreifen abgeschlossen wird.« Die Abgeschiedenheit des ländlichen Lebens tut ihr nach »den schrecklichen Jahren« in Berlin gut.

Die materiellen Verhältnisse der Familie sind äußerst schwierig. Wilhelm Hoffmann hat lange Zeit keine Anstellung gefunden, nun verdient er geringfügig als Dozent an der Dolmetscherhochschule in Germersheim. Die eigentliche Last des Geldverdienens liegt aber auf den Schultern der freien Schriftstellerin; sie klagt, sie arbeite »wie drei nackte Neger – vor allem in Form von Vortragsreisen.« Diese Reisen beflügeln und erschöpfen sie gleichermaßen.

1949 nimmt sie an der P.E.N.-Tagung in München teil, hält einen Vortrag an der Sorbonne, wird in die Mainzer Akademie gewählt. Unnachsichtig gegen die Bedürfnisse des eigenen Körpers, die Schübe ihrer Multiplen Sklerose stellen sich in immer kürzeren Zeitabständen ein, unternimmt Langgässer im Frühsommer 1950 noch eine Lesereise in die Schweiz. Von ihr erholt sie sich nicht mehr; sie stirbt am 25. Juli desselben Jahres, mit 51 Jahren in Karlsruhe. Ihr großer Wunsch, die Wohnung im Gasthaus in Rheinzabern gegen eine in der Altstadt von Speyer einzutauschen, erfüllt sich nicht mehr. Auch der nicht, zu Lebzeiten einen großen Literaturpreis zugesprochen zu bekommen, der die Familie aus finanziellen Nöten befreit hätte. Erst posthum wird ihr der Georg-Büchner-Preis verliehen.

Die jüngste Tochter, Franziska Hoffmann, erinnert sich Jahre später an die Zeit in Rheinzabern bis zu dem frühen Tod ihrer Mutter, als sie selbst acht Jahre alt ist: »Zu meiner Mutter hatte ich jahrelang ein gestörtes Verhältnis. Für mein Gefühl verschwendete meine Mutter zu viel Zeit für die Bücher, die sie schrieb. Einen Teil dieser kostbaren Arbeitszeit hätte sie, wie ich fand, ruhig uns Kindern schenken können. Aber für die Mutti war wohl jedes neue Buch ein neues Kind. Das erfüllte sie mit großem Stolz: ein dickes Buch, das aus ihrer Feder stammte und das ihren klangvollen Namen trug. Gegen diese Werke fielen wir drei Töchter mächtig ab – so vollkommen wie sie würden wir niemals sein.«

Literatur

Es werden nur Werke genannt, die für das Thema des Buches wichtig sind. Angeführt wird Sekundärliteratur, aus der zitiert wurde oder auf deren Darstellung es sich stützt. Es gibt keine Vollständigkeit der Angaben, mit Rücksicht auf den ansonsten zu großen Umfang. Werke, Briefe und Tagebücher sind in den verwendeten Ausgaben angegeben.

Zu Hannah Arendt

Arendt, Hannah: *Eichmann in Jerusalem. Ein Bericht von der Banalität des Bösen*. München, Zürich: Piper Verlag, 1986.

Dies.: *Ich selbst, auch ich tanze. Die Gedichte*. Hrsg. und Nachwort von Irmela von der Lühe. München, Zürich: Piper Verlag, 2015.

Dies.: *Wir Flüchtlinge*. Aus dem Englischen übersetzt von Eike Geisel. Mit einem Essay von Thomas Meyer. Stuttgart: Philipp Reclam jun. Verlag, 2016.

Dies. und Karl Jaspers: *Briefwechsel 1926–1969*. Hrsg. von Lotte Köhler und Hans Sahner. München, Zürich: Piper Verlag, 2001.

Young-Bruehl, Elisabeth: *Hannah Arendt. Leben, Werk und Zeit*. Frankfurt a. M.: S. Fischer Verlag, 4. Auflage 2015.

Zu Natalia Ginzburg

Ginzburg, Natalia: *Die kleinen Tugenden*. Aus dem Italienischen von Maja Pflug und Alice Vollenweider. Berlin: Verlag Klaus Wagenbach, 1989.

Dies.: *Familienlexikon*. Aus dem Italienischen von Alice Vollenweider. Berlin: Verlag Klaus Wagenbach, 1993.

Zu Elisabeth Langgässer

Langgässer, Elisabeth: *… soviel berauschende Vergänglichkeit. Briefe 1926–1950.* Ungekürzte Ausgabe. Frankfurt a.M./Berlin/Wien: Ullstein Verlag, 1981.

Dies.: *Grenze: Besetztes Gebiet. Ballade eines Landes.* Mit einem Nachwort von Anthony W. Riley. Olten/Freiburg i. Breisgau: Walter-Verlag, 1983.

Edvardson, Cordelia: *Gebranntes Kind sucht Feuer.* Roman. Aus dem Schwedischen von Anna-Liese Kornitzky. München/Wien: Carl Hanser Verlag, 1986.

Hilzinger, Sonja: *Elisabeth Langgässer. Eine Biografie.* Berlin: Verlag für Berlin-Brandenburg, 2009.

Kirsch, Hans-Christian: *Elisabeth Langgässer. Literatur und Landschaft.* Ingelheim: Leinpfad Verlag, 2004.

Zu Else Lasker-Schüler

Lasker-Schüler, Else: *Prosa und Schauspiele.* Hrsg. von Friedhelm Kemp. Frankfurt a.M.: Suhrkamp Verlag, 1996.

Dies.: *Gedichte 1902–1943.* Hrsg. von Friedhelm Kemp. Frankfurt a.M.: Suhrkamp Verlag, 1996.

Bauschinger, Sigrid: *Else Lasker Schüler. Biographie.* Göttingen: Wallstein Verlag, 2004.

Grimm, Gunter E.; Bayerdörfer, Hans-Peter (Hg.): *Im Zeichen Hiobs. Jüdische Schriftsteller und deutsche Literatur im 20. Jahrhundert.* Frankfurt a.M.: Athenäum, 1986.

Kafka, Franz: *Briefe an Felice.* Hrsg. von Erich Heller und Jürgen Born. Mit einer Einleitung von Erich Heller. Frankfurt a.M.: S. Fischer Verlag, 1967.

Klüsener, Erika: *Else Lasker-Schüler in Selbstzeugnissen und Bilddokumenten.* Reinbek bei Hamburg: Rowohlt Taschenbuchverlag, 1980.

Muschg, Walter: *Die Zerstörung der deutschen Literatur und andere Essays.* Hrsg. von Julian Schütt und Winfried

Stephan. Mit einem Nachwort von Julian Schütt. Zürich: Diogenes Verlag, 2009.

Zu Rosa Luxemburg

Arendt, Hannah: *Menschen in finsteren Zeiten*. Essays u. a. Texte 1955–1975. (Hrsg.): Ursula Ludz. München, Zürich: Piper Verlag, 1989.

Beradt, Charlotte (Hrsg.): *Rosa Luxemburg im Gefängnis. Briefe und Dokumente aus den Jahren 1915–1918*. Frankfurt a. M.: S. Fischer Verlag, 1973.

Exekutiv-Komitee der Kommunistischen Jugendinternationale (Hrsg.): *Rosa Luxemburg. Briefe aus dem Gefängnis*. Berlin: Verlag der Jugendinternationale, 1927.

Kautsky, Luise (Hrsg.): *Briefe an Karl und Luise Kautsky*. Berlin: E. Laub'sche Verlagsbuchhandlung, 1923.

Laschitza, Annelies und Adler, Georg (Hrsg.): *Rosa Luxemburg. Herzlich Ihre Rosa. Ausgewählte Briefe*. Berlin: Dietz Verlag, 1971.

Nettl, Peter: *Rosa Luxemburg*. Aus dem Englischen von Karl Römer. Köln, Berlin: Kiepenheuer & Witsch, 1967.

Zu Katherine Mansfield

Mansfield, Katherine: *Sämtliche Erzählungen in 2 Bänden*. Band 1 und Band 2. Hrsg., ins Deutsche übertragen und mit einem biographischen Essay von Elisabeth Schnack. Köln: Verlag Kiepenheuer & Witsch, 1980.

Dies.: *Tagebuch*. Vollständige Ausgabe. Hrsg. und übersetzt von Max A. Schwendimann. München: Deutscher Taschenbuch Verlag, 1979.

Zu Sylvia Plath

Plath, Sylvia: *Die Tagebücher*. Hrsg. von Frances McCullough, mit einem Vorwort von Ted Hughes.

Deutsch von Alissa Walser. Frankfurt a.M.: Frankfurter Verlagsanstalt, 1997.

Alvarez, Alfred: *Der grausame Gott. Eine Studie über den Selbstmord.* Aus dem Englischen von Maria Dessauer und Geno Hartlaub. Hamburg: Hoffmann und Campe Verlag, 1974.

Marko, Gerda: *Schreibende Paare. Liebe, Freundschaft, Konkurrenz.* Zürich/Düsseldorf: Artemis & Winkler Verlag, 1995.

Wagner-Martin, Linda: *Sylvia Plath. Eine Biographie.* Ins Deutsche übertragen von Sabine Techel. Frankfurt a.M.: Insel Verlag, 1990.

Zu Gertrude Stein

Stein, Gertrude: *Autobiographie von Alice B. Toklas.* Aus dem Amerikanischen von Roseli und Saskia Bontjes van Beek. Zürich/Hamburg: Arche Verlag, 1959 und 1996.

Sartorius, Joachim (Hg.): *William Carlos Williams: Die Autobiographie.* Aus dem Amerikanischen von Werner Schmitz. München/Wien: Carl Hanser Verlag, 1994.

Stendhal, Renate (Hg.): *Gertrude Stein. Ein Leben in Bildern und Texten.* Zürich: Arche Verlag, 1989.

Zu Virginia Woolf

Woolf, Virginia: *Gesammelte Werke, Tagebücher 2 (von 1920–1924) und 5 (von 1936–1941).* Hrsg. von Klaus Reichert. Deutsch von Claudia Wenner. Frankfurt a.M.: S. Fischer Verlag, 2008.

Bell, Quentin: *Virginia Woolf. Eine Biographie.* Aus dem Englischen von Arnold Fernberg. Frankfurt a.M.: Insel Verlag, 1977.

Keller, Ursula (Hg.): *Nun breche ich in Stücke … Leben, Schreiben, Suizid.* Berlin: Verlag Vorwerk 8, 2000.

Marko, Gerda: *Schreibende Paare. Liebe, Freundschaft, Konkurrenz.* Zürich / Düsseldorf: Artemis & Winkler Verlag, 1995.

Wiggershaus, Renate: *Virginia Woolf. Leben und Werk in Texten und Bildern.* Frankfurt a. M.: Insel Verlag, 1987.

Zu Marina Zwetajewa

Zwetajewa, Marina: *Auf eigenen Wegen. Tagebuchprosa. Moskau 1917–1920, Paris 1934.* Übersetzt und mit einem Nachwort von Marie-Luise Bott. Frankfurt a. M.: Suhrkamp Verlag, 1998. (*Die Dachbodennotizen* stammen aus eben diesem Band, S. 111–115.)

Dies.: *Mutter und die Musik. Autobiographische Prosa.* Aus dem Russischen und mit einem Nachwort von Ilma Rakusa. Frankfurt a. M.: Suhrkamp Verlag, 1987.

Dies.: *Versuch, eifersüchtig zu sein.* Hrsg. und mit einem Nachwort versehen von Ilma Rakusa. Frankfurt a. M.: Suhrkamp Verlag, 2002.

Dies.: *Gedichte.* Aus dem Russischen von Christa Reinig. Mit einem Nachwort von Klaus Wagenbach. Berlin: Verlag Klaus Wagenbach, 1968.

Belkina, Marija: *Die letzten Jahre der Marina Zwetajewa.* Aus dem Russischen übertragen von Schamma Schahadat und Dorothea Trottenberg. Gekürzte Ausgabe. Frankfurt a. M. / Leipzig: Suhrkamp Taschenbuch Verlag, Insel Verlag, 1991.

Keller, Ursula (Hg.): *Nun breche ich in Stücke … Leben, Schreiben, Suizid.* Berlin: Verlag Vorwerk 8, 2000.

Marko, Gerda: *Schreibende Paare. Liebe, Freundschaft, Konkurrenz.* Zürich / Düsseldorf: Artemis & Winkler Verlag, 1995.

Razumovsky, Maria: *Marina Zwetajewa. Eine Biographie.* Frankfurt a. M.: Suhrkamp Verlag, 1989.

Simone Frieling
Rebellinnen
Hannah Arendt, Rosa Luxemburg und Simone Weil

blue notes 76, 144 Seiten
Abb., Halbleinen
Fadenheftung
ISBN 978-3-86915-170-0

Hannah Arendt, Rosa Luxemburg und Simone Weil – drei Kämpferinnen für die Freiheit, die bis heute nichts von ihrer Faszination verloren haben, vorgestellt in Einzelporträts von Simone Frieling. Alle drei waren sensibel, selbstbewusst und begabt, stammten aus assimilierten jüdischen Familien und wuchsen mehrsprachig auf. Modern und aufgeklärt stellten sie sich den sozialen, politischen, philosophischen und religiösen Fragen ihrer Zeit und handelten kompromisslos nach ihrer Überzeugung.